供给侧结构性改革的
生产率效应实证研究

盛如旭◎著

经济管理出版社
ECONOMY & MANAGEMENT PUBLISHING HOUSE

图书在版编目（CIP）数据

供给侧结构性改革的生产率效应实证研究 / 盛如旭
著. -- 北京：经济管理出版社，2024. -- ISBN 978-7
-5096-9876-1

Ⅰ．F124

中国国家版本馆 CIP 数据核字第 2024FS1811 号

组稿编辑：谢　妙
责任编辑：谢　妙
责任印制：张莉琼
责任校对：陈　颖

出版发行：经济管理出版社
　　　　　（北京市海淀区北蜂窝 8 号中雅大厦 A 座 11 层　100038）
网　　址：www. E-mp. com. cn
电　　话：（010）51915602
印　　刷：北京市海淀区唐家岭福利印刷厂
经　　销：新华书店
开　　本：720mm×1000mm/16
印　　张：11
字　　数：198 千字
版　　次：2024 年 9 月第 1 版　　2024 年 9 月第 1 次印刷
书　　号：ISBN 978-7-5096-9876-1
定　　价：78.00 元

前　言

　　我国经济已由高速增长阶段转向高质量发展阶段，然而，环境污染、部分领域产能过剩等转型中出现的问题制约着我国经济转型升级。随着2016年供给侧结构性改革一系列重大政策的实施，推进供给侧结构性改革逐步成为引领经济高质量发展的有力手段。迄今为止各大政策实施已过去多年，那么这些重大政策是否推动我国经济转向高质量发展？为了回答这一问题，本书以高质量发展为研究核心，以生产率作为代理变量，利用多种政策效应识别模型，科学严谨地评估了2016年开始实施的环保督察和去产能等供给侧结构性改革过程中重大政策的生产率效应。本书主要研究内容、结论包括以下三个方面：

　　其一，本书深入研究了环保督察的生产率效应，并进行了影响机制分析。实证研究发现：①环保督察对重污染行业上市公司的生产率水平存在显著的促进作用。环保督察使重污染行业上市公司相较非重污染行业上市公司的劳动生产率增加了11.2%，绝对值增加了3.11万元/人，劳均利润增加了2.83万元/人，LP方法和FE方法的全要素生产率分别增加了0.075和0.082。②"环保督察—提高市场集中度—生产率提升"传导机制是显著存在的。对于劳动生产率对数、绝对值、劳均利润，环保督察50%以上的生产率效应是通过市场集中度传导的；对于全要素生产率，环保督察70%以上的生产率效应是通过市场集中度传导的。

　　其二，本书对环保督察生产率效应估计结果进行了充分的稳健性检验。实证研究发现：①通过平行趋势检验、同质行业子样本检验、同质公司子样本检验，考虑样本异质性问题后，实证发现生产率效应是稳健的；②通过控制前定特征、评估假想的政策效应，排除政策混淆问题后，实证发现生产率效应是稳健的；③通过近似置换检验，放宽误差项假设后，实证发现生产率效应是稳健的；④通过选择更纯净的对照组、连续型 DID，考虑对照组受政策影响的问题后，实证发现生产率效应是显著的。

其三，本书研究了去产能的生产率效应，并解释了造成政策效应的可能原因。实证研究发现：①去产能显著提高了钢铁行业上市公司的劳动生产率水平，使 10 家钢铁上市公司年均劳动生产率提高了 40%~90%，绝对值提高了 20 万~30 万元/人，劳均利润提高了 11 万~14 万元/人，但去产能对 10 家钢铁上市公司的全要素生产率提升并不十分显著；②去产能显著促进了劳动生产率却未显著促进全要素生产率的原因是，2016 年去产能后，钢铁上市公司的固定资产仍然逐年增长。

在上述研究的基础上，本书分别从环保督察、去产能两个方面提出了针对性的政策思路，同时总结了本书研究的不足之处并提出了对未来研究的展望。

盛如旭

2024 年 7 月

目　录

第一章 绪论

第一节 研究背景

供给侧结构性改革旨在调整经济结构，使要素实现最优配置，提升经济增长的质量。2015年11月，习近平总书记在中央财经领导小组第十一次会议上首次提出推进"供给侧结构性改革"。同年12月，习近平总书记在中央经济工作会议的讲话中对供给侧结构性改革从理论到实践作了全面阐述，强调抓好去产能、去库存、去杠杆、降成本、补短板五大任务。党的十九大报告指出，要"以供给侧结构性改革为主线，推动经济发展质量变革、效率变革、动力变革，提高全要素生产率"。党的二十大报告中强调，要"把实施扩大内需战略同深化供给侧结构性改革有机结合起来"。2024年中央经济工作会议和政府工作报告也同时提到，要"统筹扩大内需和深化供给侧结构性改革"。可见，我国充分认识到供给侧结构性改革的重要性，持续以供给侧结构性改革引领经济高质量发展。

在2016年之前，我国工业结构性供需矛盾逐渐凸显，产能过剩成为我国经济运行中的突出矛盾和诸多问题的根源之一。早在2013年，政府已经意识到产能过剩问题的严重性并着手化解产能过剩。2013年《国务院关于化解产能严重过剩矛盾的指导意见》（国发〔2013〕41号）提到2012年底，我国钢铁、水泥、电解铝、平板玻璃、船舶产能利用率分别仅为72%、73.7%、71.9%、73.1%和75%，明显低于国际通常水平。但局限于我国之前一贯的需求侧的政策手段，当时产能过剩问题并未得到有效化解。① 当时部分领域供给侧产能过剩问题制约着我国经济高质量发展，而且部分违规落后产能还带来了较为严重的环境污染。为此，2016 年供给侧结构性改革等一系列重大政策应运而生，这些重大政策开始推动我国经济向高质量发展转型。当前，这些重大政策实施距今已经多年，其对我国经济高质量发展的影响效应值得研究。

第二节　研究内容和结构安排

本书共有六章内容，具体如下：

第一章为绪论。本章介绍了本书的研究背景和研究意义，概括了本书的研究内容和结构安排，并指出了本书的研究创新点。

第二章为文献综述。本章主要梳理了四个部分：第一部分是政策效应评估的实证研究方法综述，主要从倾向得分匹配法、双重差分法、断点回归、合成控制法等方面进行综述；第二部分是生产率测算方法研究综述，主要从基于宏观数据的 TFP 测算方法和基于微观数据的 TFP 测算方法两个方面进行综述；第三部分是政府政策的生产率效应实证研究综述，主要从环境规制、财税金融政策、贸易政策、区域政策、产业政策、收入与社保政策六个方面进行综述；第四部分是产能过剩和去产能政策研究综述，主要从我国产能过剩的形成原因、我国产能利用率变动的经济影响、处理产能过剩问题的国际经验三个方面进行综述。

第三章为环保督察的生产率效应。一是本章说明了环保督察的政策背景并引出环保督察生产率效应评估的重要性；二是本章科学详尽地构建了环保督察生产率效应的识别模型；三是本章对总样本、重污染、非重污染的各类生产率水平进行了特征事实分析，并汇报了环保督察生产率效应估计结果，同时对模型适用性进行了分析；四是本章对环保督察进行了深入研究，主要分析了生产率效应的影响机制；五是对本章进行了总结。

---

① 国家统计局数据显示，2013 年底黑色金属冶炼和压延加工业的规模以上企业有 11034 家，2014 年底有 10564 家，2015 年底有 10071 家，而 2018 年底仅有 5138 家，可以认为去产能政策提出之前产能过剩问题并未得到有效化解。

第四章为环保督察政策效果的稳健性分析。首先，本章从同质行业子样本内的稳健性检验、同质公司子样本内的稳健性检验、匹配方法敏感性分析三个部分对双重差分法的同质性问题进行了分析；其次，本章从原因、使用更纯净的对照组、连续型双重差分法三个层面探讨了对照组受政策影响问题；再次，本章从使用近似置换检验的原因、近似置换检验流程、近似置换检验结果三部分进行了基于近似置换检验的统计推断；最后，对本章进行了总结。

第五章为去产能的生产率效应研究。首先，本章说明了去产能的政策背景并引出去产能生产率效应评估的重要性；其次，本章说明了去产能的生产率效应的研究设计，主要对合成控制法中的对照组和处理组进行说明；再次，本章汇报了以"钢铁平均"样本为处理组的去产能生产率效应估计结果，其中还分别把对照组设定为小样本对照组和大样本对照组进行分析，其后本章还通过置换检验对估计结果进行统计推断；最后，对本章进行了总结。

第六章为结论、政策思路与展望。首先，本章概括了核心章节的主要研究结论；其次，本章分别从环保督察、去产能方面提出了针对性的政策思路；最后，本章总结了本书的不足之处并给出了未来研究展望。

第三节　研究意义与创新之处

本书的研究意义主要体现在社会现实与政府政策两个方面上。在社会现实方面，本书利用双重差分法和合成控制法等识别方法，较为科学严谨地识别了供给侧结构性改革过程中的环保督察、去产能两大重大政策的生产率效应，完善了环境政策和产业政策的生产率效应领域的研究。在政府政策方面，本书首次较为科学严谨地对供给侧结构性改革过程中实施的两个重大政策——环保督察和去产能进行政策评估，得到一系列政策实施效果并进行了充分的稳健性检验。最终，本书得出的结论不仅有助于政策决策层后续更准确地对相应政策进行调整，还给政策决策层未来制定类似政策提供了参考依据。

本书的创新之处如下：

第一，本书运用双重差分法，深入研究了环保督察的生产率效应，并从多个不同视角对其稳健性进行了充分的检验。本书第四章基于上市公司数据，以重污染行业上市公司作为处理组，以非重污染行业上市公司作为对照组，利用双重差分法，构建了政策效应识别模型，评估了 2016 年起实施的环保督察的生产率效应。研究发现环保督察对我国高污染行业上市公司生产率存在显著的促进作用，并进一步以市场集中度作为中介变量分析了影响机制。同时，本书第五章使用 PSM-DID、连续型 DID、近似置换检验等方法，从多个视角对环保督察生产率效应估计结果进行了充分的稳健性检验。

第二，本书运用合成控制法识别了去产能的生产率效应，并使用置换检验进行了稳健性分析。本书第六章基于化学原料和化学制品制造业、有色金属冶炼及压延加工业和钢铁行业上市公司数据，分别在大样本对照组和小样本对照组中，使用合成控制法识别了去产能对钢铁行业的生产率效应，并使用置换检验进行了稳健性检验。研究发现去产能显著促进了钢铁行业上市公司的劳动生产率，却未显著促进全要素生产率。

第二章　文献综述

本章主要内容包括四个部分：第一部分是政策效应评估的实证研究方法综述，主要从倾向得分匹配法、双重差分法、断点回归、合成控制法等方面进行综述；第二部分是生产率测算方法研究综述，主要从基于宏观数据的 TFP 测算方法和基于微观数据的 TFP 测算方法两个方面进行综述；第三部分是政府政策的生产率效应实证研究综述，主要从环境规制、财税金融政策、贸易政策、区域政策、产业政策、收入与社保政策六个方面进行综述；第四部分是产能过剩和去产能政策研究综述，主要从我国产能过剩的形成原因、我国产能利用率变动的经济影响、处理产能过剩问题的国际经验三个方面进行综述。

第一节　政策效应评估的实证研究方法综述

政策效应评估中最关键的问题是数据缺失，因为我们不可能观测到受政策干预的经济单元在其未受到政策影响时的表现。在没有"反事实"信息的情况下，可选的方案是将受政策干预的经济单元（处理组）与未受政策干预的经济单元（对照组）进行比较从而得到政策的干预效应，所以政策效应评估成功与否取决于能否找到一个合适的对照组。本节将综述倾向得分匹配法、双重差分法、断点回归、合成控制法等多种政策效应评估方法。

一、倾向得分匹配法

匹配法是一种非实验方法，匹配法假定控制协变量后，具有相同特征的个体受到政策的影响是相同的。按照匹配方式的不同，匹配法又可以分成协变量匹配法（CVM）和倾向得分匹配法（PSM），协变量匹配在数据量较少或者协变量较多时会出现"维度诅咒"的问题，而倾向得分匹配使用倾向值（倾向得分）进行匹配，对协变量进行了降维，有效地克服了"维度诅咒"的问题。

Rosenbaum 和 Rubin（1983）首次提出了倾向得分匹配的方法，通过样本的倾向得分进行样本匹配。之后，倾向得分匹配法快速发展并被广泛运用于经济政策评估领域，成为政策效应评估方法中普遍使用的方法之一。倾向得分匹配法主要是通过再抽样，以接受政策干预的概率（也就是倾向得分）将对照组和处理组的成员进行匹配来平衡数据，以此逼近随机试验，之后对匹配后的样本进行类似于随机试验样本的后续实证分析。

近年来，学者开始运用倾向得分匹配法对国内经济政策效应进行评估。黄玲文和姚洋（2007）在倾向得分匹配法的基础上利用双重差分法评估了国有企业改制对就业的影响，他们发现国企改制减缓了就业的下降趋势并对企业的就业增长有持续且递增的积极作用。秦雪征等（2012）使用倾向得分匹配法控制了参与国家科技项目的内生性，研究中小型企业参与国家科技项目对企业创新的影响及作用机理，他们发现中小型企业参与国家科技项目使其产品创新的概率平均提高20%，方法创新的概率平均提高24%，并且对高研发投入密度的企业影响更显著。刘瑞明和赵仁杰（2015）基于倾向得分匹配法和双重差分法研究了西部大开发对经济发展的影响，他们发现西部大开发并未有效推动西部地区的地区生产总值和人均地区生产总值的快速增长，其原因是西部大开发中存在"政策陷阱"，即政府过于集中在固定资产投资和资源能源开发方面而忽视了体制和软环境等方面。

二、双重差分法

双重差分法（DID）也是普遍用于政策效应评估的方法之一。双重差分法允许政策实施中存在非时变的不可观察因素，从而放松了政策评价的条件。双重差分法利用处理组和对照组在政策实施前后的表现，可以将非时变不可观察因素消除。双重差分法必须满足两大假设：一是外生性假设，二是同质性假设。外生性假设是指使用双重差分法考察的政策需要是外生的；同质性假设是指除所研究的政策冲击以外，其他因素对处理组和对照组的影响是相同的。

近年来，学者开始运用双重差分法对国内经济政策效应进行评估。周黎安和陈烨（2005）利用农村税费改革分地区推进的特征，使用双重差分法估计了农村税费改革政策对农民收入增长的政策效应，研究发现农村税费改革对农民收入的增长率增长有相当大的积极作用。聂辉华等（2009）使用双重差分法研究了2004年起在东北地区实行的增值税转型政策的效应，研究发现增值税转型政策显著地提高了东北地区企业的固定资产投资，提高了资本劳动比和企业生产率。李楠和乔榛（2010）利用双重差分法分析了1999年以来第三阶段的国企改制政策对国企绩效的效应，研究发现通过一系列国企改革政策，国企整体绩效得到了明显的提高。袁从帅等（2015）利用双重差分法研究了"营改增"政策对上市企业投资、研发和雇佣劳动的影响，研究发现"营改增"显著提高了企业的总投资和人均资本，也有益于研发投入，但对劳动力雇用没有实际影响。王茂斌等（2024）以中国绿色制造体系示范建设项目下的绿色工厂创建为"准自然实验"，研究发现绿色制造显著提升了企业环境信息披露质量。

三、断点回归

断点回归也是政策评估中常用的方法之一，其思想是如果当个体的一个变量大于临界值时，个体接受政策干预，该变量小于临界值时，个体不接受政策干预，在临界值附近的样本是近似于随机分布的。那么在临界值附近的受到政策干预的处理组的"反事实"信息可以很好地在小于临界值附近的对照组中获得。按照临界点的类型，断点回归可以分为精确断点回归和模糊断点回归。

近年来，国内学者开始运用断点回归对经济政策效应进行评估。刘畅和马光荣（2015）利用1994年"八七扶贫攻坚计划"贫困县资格划分的制度断点，使用断点回归方法处理内生性问题，使用1999~2009年县级面板数据，估计了转移支付对县级政府规模影响。范子英和田彬彬（2013）基于2003~2007年中国工业企业数据库，利用2002年实施的所得税分享改革的政策断点，即2002年之前成立的企业由地税局负责征收管理所得税而2002年之后成立的企业由国税局负责征收管理所得税，使用断点回归方法研究了税收执法力度对企业避税的影响。刘生龙等（2016）利用 1986 年 4 月开始实施的义务教育法的政策断点，使用断点回归方法研究了义务教育法对个体受教育年限的影响并估计了我国的教育回报率。雷根强等（2015）利用中西部地理分界线上相邻的县作为样本，使用断点回归研究了西部大开发政策转移支付对城乡收入差距的影响。于新亮等（2023）采用模糊断点回归研究了"退休—医疗服务波动"之谜的形成机理与破解路径。

四、合成控制法

使用双重差分法的一个基本要求是同质性假设，学者们一般使用平行趋势检验判断同质性是否满足。当处理组和对照组的政策结果指标在政策实施前的变化趋势存在系统性差异时，使用双重差分法并不合适。针对双重差分法存在的这个缺陷，Abadie 和 Gardeazabal（2003）、Abadie 等（2010）、Abadie 等（2015）提出了合成控制法。该方法利用对照组样本的线性加权构造出合成控制样本，以此作为处理组的反事实情况，从而得出政策效应。

近年来，国内学者开始运用合成控制法对经济政策效应进行评估。刘甲炎和范子英（2013）使用 2011 年重庆实施的房地产税试点这个自然实验，使用合成控制法估计了房地产税对房价的影响，研究发现房地产税对试点区域的房价有显著的抑制作用。杨经国等（2017）使用合成控制法评估了设立经济特区对经济的效应，研究发现经济特区设立可以显著促进区域的经济增长。刘伟江和吕镯（2018）使用合成控制法研究了"营改增"对制造业 TFP 的影响，研究发现"营改增"提高了制造业 TFP，但未通过制造业服务化传导。刘友金和曾小明（2018）使用合成控制法，研究了房地产税对区域产业转移的影响，研究发现对于不同经济发展水平的区域，房地产税对产业转移的影响差异很大。丛树海和黄维盛（2022）使用合成控制法评估了重大疫情冲击对财政可持续性的平均因果影响。

第二节 生产率测算方法研究综述

生产率测算是本书实证研究的基础之一，生产率可以定义为一个经济单元将投入转换为产出的能力。早期经济学界一般使用劳动生产率来代表经济单元的生产率，但劳动力并不能代表所有投入要素，因此学者开始使用全要素生产率（TFP）代表经济单元的生产率。虽然当前计算全要素生产率的方法有很多种，但全要素生产率的经济内涵是不变的。

Del Gatto 等（2011）提出从多种维度来划分全要素生产率的测算方法（见表2-1）。从测算对象类型来看，全要素生产率方法可以分成宏观方法和微观方法（Del Gatto et al.，2011；鲁晓东和连玉君，2012）。宏观方法主要用于测算国家、区域或行业等宏观层面的生产率，而微观方法主要聚焦于测算企业生产过程的生产率。综合考虑我国的统计数据库情况，本节将结合测算对象类型和测算方法来综述我国全要素生产率的研究。

表 2-1 全要素生产率测算方法分类

分析方法	确定性方法	计量方法	
		参数	非参数
前沿分析	数据包络分析 （宏观—微观）	随机前沿分析 （宏观—微观）	—
非前沿分析	增长核算法 （宏观）	增长率回归法 （宏观）	代理变量法 （微观）

资料来源：Del Gatto 等（2011）。

一、基于宏观数据的 TFP 测算方法

相对于微观统计数据，我国宏观统计数据易获得且时间序列长，同时基于宏观总量数据进行生产率测算的研究更能反映全要素生产率在经济增长中的作用，因此有众多文献聚焦于我国区域、行业等宏观层面的生产率测算研究。文献中使用的宏观方法一般有数据包络分析（DEA）、随机前沿方法（SFA）、增长核算法、增长率回归法等。

运用宏观方法的大量研究聚焦于区域层面的 TFP 测算。早期的研究一般聚焦于全国层面或省级层面的生产率测算。毛其淋和盛斌（2012）基于 DEA 的 Malmquist 指数法测算了 1985～2008 年省级层面的 TFP。白重恩和张琼

（2015）运用增长核算法估计了 1978~2013 年全国和各省的 TFP 水平。刘云霞和曾五一（2024）使用生产函数法重新构建了全要素生产率的测度框架，并测度了各省份全要素生产率以及因全要素生产率变动所带来的经济增长率。之后为了得到更细致的结论，部分研究开始涉及市级、县级的全要素生产率测算。靳亚阁和常蕊（2016）使用考虑环境污染产出的 Malmquist 指数测算了 2003~2013 年我国 280 个地级市的工业 TFP。孙学涛等（2017）使用 Malmquist 指数测算了 2002~2014 年我国 1869 个县域的 TFP。揭懋汕等（2016）利用随机前沿分析方法测算了 1992~2011 年碳约束下的 2183 个县级单元的农业生态 TFP。

另一类运用宏观方法的研究是产业层面的 TFP 测算。李小平和朱钟棣（2005）利用增长核算法估算了 1986~2002 年我国制造业 34 个行业的 TFP。李小平等（2008）使用 DEA 方法测算了 1998~2003 年中国 32 个工业行业的 TFP 增长，并将其分解为技术效率和技术进步。李斌等（2013）采用考虑环境非期望产出的 DEA 模型结合 Malmquist 指数测算了 2001~2010 年我国 36 个工业行业的绿色 TFP。胡鞍钢等（2015）在考虑能源、资源、环境等因素的情况下，利用增长核算法测算了 1995~2010 年我国 6 个工业高耗能行业的真实 TFP。

二、基于微观数据的 TFP 测算方法

生产率测算微观方法的关注点是企业生产过程。与生产率的宏观测算方法不同的是，微观企业的生产经营者通常知道自己企业的生产率水平，从而根据自身的生产率水平调整生产过程中的要素投入量。因此，直接对投入产出数据使用增长率核算或参数回归等方法测算生产率时会存在明显的内生性、联立性和选择偏差等问题。通常我们采用代理变量来替代不可观测的变量，最终形成参数估计。由于我国微观企业层面的统计数据库种类较少，当前企业生产率测算的大量研究主要基于两个企业数据库：一是中国工业企业数据库，二是上市公司数据库。

当选用中国工业企业数据库时，一般采用生产函数法、半参数 OP 法和半参数 LP 法等方法。谢千里等（2008）基于中国工业企业数据库，利用生产函数法估计了 1998~2005 年我国工业企业的全要素生产率。鲁晓东和连玉君（2012）基于中国工业企业数据库，分别采用 OLS、固定效应方法、半参数 OP 法、半参数 LP 法等测算了我国工业企业的 TFP，他们研究发现半参数方法能较好地解决企业层面传统生产率测算中的内生性和样本选择问题。杨汝岱

（2015）从构建面板数据、投入产出数据处理等方面较为全面规范地整理了中国工业企业数据库，并基于半参数 OP 和 LP 方法测算了企业层面的全要素生产率，考察了我国制造业企业全要素生产率的变化情况。张志强（2015）系统分析了微观层面生产函数估计和微观全要素生产率测算所面临的问题，利用蒙特卡罗模拟法，比较了几种最新的生产率微观估计方法的优劣，其研究发现广泛应用的半参数 OP、LP 方法和 ACF 参数估计方法会倾向于高估微观企业层面的 TFP，而联合估计等能得到 TFP 的稳健估计。方芳等（2024）使用 Super-RSBM 等方法测算了 2000～2021 年我国农业低碳全要素生产率，并研究了城镇化推进模式对其的影响。

当选用中国上市公司数据作为 TFP 测算对象时，一般采用生产函数法、数据包络分析、随机前沿分析等方法。蔡跃洲和郭梅军（2009）利用基于 DEA 的 Malmquist 指数测算 2004～2008 年 11 家主要上市商业银行的全要素生产率。陈一博和宛晶（2012）使用 DEA 和 Malmquist 指数测算了 2007～2011 年 50 家创业板上市公司的 TFP 变动并对其进行分解。季凯文（2015）使用 DEA 和 Malmquist 指数测算了 2008～2011 年我国 32 家生物农业上市公司 TFP 的增长情况，并实证分析了其影响因素。李姝（2016）利用 Malmquist 指数测算了 2000～2015 年沪深 A 股中 24 家主营业务为火力发电的上市公司的全要素生产率。

第三节　政府政策的生产率效应实证研究综述

鉴于生产率是企业、行业和区域等经济单元长期经济增长中最重要的因素，近年来我国政府通过颁布法规和实施政策等来提高生产率，也有部分政府行为并不直接地提高生产率，但也起到了提高生产率的效果。虽然政府拥有远多于微观个体的市场信息，但其在制定和实施政策时仍可能出现政策目标和政策效果有差异甚至是相背离的情况。因此，对市场中政府政策的生产率效应进行事后评估不仅有利于当前政策的后续调整，还有利于未来更加精确地制定和实施类似政策。

因为经济社会中几乎难以实现随机化控制试验，这些政府政策作为"准自然实验"为研究人员提供了较好的观察研究对象。下面本书将对国内关于运用制定政策法规等政府行为的"准自然实验"的生产率效应评估实证研究进行综述。本书根据"准自然实验"的生产率效应评估文献中所研究的政府政策类型,将其分为六大类文献,分别是环境规制研究、财税金融政策研究、贸易政策研究、区域政策研究、产业政策研究、收入与社保政策研究。

一、环境规制的生产率效应研究

市场失灵现象多出现于环保领域中,并且因为当前我国环境保护市场化程度还处于发展初期阶段,所以我国目前主要依靠制定环保政策来抑制市场失灵情况的发生。一般来说,环保政策最直接和主要的目的是保护环境,但同时环保政策也会影响企业行为,一定程度上改变企业生产过程中的要素投入和产品产出,从而可能会对企业的生产率产生影响。

环境规制的生产率效应研究所选的自然实验主要有《中华人民共和国大气污染防治法》《清洁生产标准》《中华人民共和国可再生能源法》等法律制定和修订、"两控区"政策的实施、空气质量"限期"达标制度和碳排放交易权试点等政策(见表2-2)。综合来看,综述文献中的大部分环境规制对生产率存在一定的积极作用或者长期来看存在积极作用。

表2-2 国内选取环境规制作为"准自然实验"的生产率相关研究

研究	样本期限及类型	所选自然实验	生产率相关研究结论
李树和陈刚(2013)	工业企业数据库	2000年《中华人民共和国大气污染防治法》修订	《中华人民共和国大气污染防治法》的修订显著提高了空气污染密集工业行业的TFP
韩超和胡浩然(2015)	2002~2011年省级工业行业数据	2003年以来的《清洁生产标准》	该规制对TFP呈现先下降后上升的作用
张俊(2016)	工业企业数据库	2005年《中华人民共和国可再生能源法》	《中华人民共和国可再生能源法》激励了清洁发电企业的TFP并且政策效应随时间逐渐增强
祁毓等(2016)	1997~2010年113个环保重点城市数据	2003年空气质量"限期"达标制度	该制度会短期降低技术进步和TFP,但从中长期来看,该政策可以有效提高劳动生产率
徐彦坤和祁毓(2017)	工业企业数据库	2003年环保重点城市限期达标制度	该政策使非达标城市企业平均TFP下降1.96%

研究	样本期限及类型	所选自然实验	生产率相关研究结论
史贝贝等（2017）	工业企业数据库	2000 年"两控区"政策	"两控区"政策对区域内工业企业 TFP 有显著促进作用
张志强（2017）	工业企业数据库	1998 年以来的"两控"方案	该方案降低了企业 TFP，但加速了产业间行业资源要素的再配置，提高了行业 TFP
范丹等（2017）	2010~2014 年省级工业数据	2013 年碳排放交易权试点	该政策未提高试点省份的工业 TFP，但对技术进步率有显著的提升作用
陈小运和黄婉（2024）	2008~2018 年 A 股上市企业	2012 年发布实施《绿色信贷指引》	绿色信贷政策对绿色企业具有积极的生产率促进效应

资料来源：笔者整理。

二、财税金融政策的生产率效应研究

财税金融政策的生产率效应研究所选的自然实验主要有人民币汇率改革、税收优惠、"营改增"等政策（见表2-3）。综合来看，大部分文献的结论是财税金融政策对生产率有促进作用。

表2-3　国内选取财税金融政策作为"准自然实验"的生产率相关研究

研究	样本期限及类型	所选自然实验	生产率相关研究结论
余静文（2017）	工业企业数据库	2005 年我国人民币汇率制度改革	人民币实际升值提高了劳动生产率
吴辉航等（2017）	工业企业数据库	西部大开发中的区域性税收优惠政策	名义税率每下降1%，企业生产率平均提高 0.38%~0.75%，小企业对于减税更加敏感
聂辉华等（2009）	工业企业数据库	2004 年东北地区的增值税转型政策试点	该政策显著提高了企业的生产率
李成和张玉霞（2015）	2011~2013 年上市公司数据	"营改增"分阶段分地区实施	"营改增"显著提高试点企业的 TFP，提升幅度受到行业"税负转嫁"难易程度的影响
简泽等（2013）	工业企业数据库	加入世界贸易组织后我国银行体制趋于市场化	银行部门的市场化推动了盈利能力强的企业的 TFP 增长，并且推动了我国工业部门的 TFP 改善
储德银和程扬帆（2024）	2013~2020 年 A 股上市公司	税务系统"放管服"改革试点	税务系统"放管服"改革对企业全要素生产率具有显著的正向影响

资料来源：笔者整理。

三、贸易政策的生产率效应研究

21世纪以来我国进出口贸易发展迅速，成为经济增长的最重要动力之一。我国进出口贸易的高速发展离不开我国相关贸易政策的实施，虽然贸易政策制定的主要目的是促进进出口贸易，但同时贸易政策对生产率也有一定影响。贸易政策的生产率效应研究所选的"准自然实验"主要有加入世界贸易组织、出口加工区设立等（见表2-4）。综合来看，大量研究发现我国的贸易政策显著提高了生产率水平。

表 2-4　国内选取贸易政策作为"准自然实验"的生产率相关研究

研究	样本期限及类型	所选自然实验	生产率相关研究结论
谢申祥等（2017）	工业企业数据库	遭到的反倾销诉讼	反倾销壁垒抑制了我国出口企业生产率
章韬和戚人杰（2017）	工业企业数据库	出口加工区设立	集聚—出口双促进政策对企业生产率有积极影响
简泽等（2014）	工业企业数据库	中国加入世界贸易组织	进口竞争促进了国内企业平均 TFP 增长，其中阻碍了低效率企业 TFP 增长，促进了高效率企业 TFP 增长
刘啟仁和黄建忠（2016）	工业企业数据库	中国加入世界贸易组织后进口关税削减	进口关税削减对行业的生产率影响为"J曲线"特征，初期通过"规模效应"抑制存活企业的生产率贡献幅度，其后通过"竞争激励效应"提升存活企业的生产率贡献幅度
杜艳等（2016）	工业企业数据库	中国加入世界贸易组织	贸易自由化通过进口竞争效应显著降低我国行业生产率离散程度，改善了资源再配置
毛其淋和许家云（2015）	工业企业数据库	中国加入世界贸易组织	中间品贸易自由化显著提高了企业生产率，并且中间品贸易自由化促进行业生产率增长的重要途径是资源再配置效应
王元彬等（2024）	2010~2021 年沪深 A 股服务业上市企业	自由贸易试验区实行外商投资准入负面清单	外商投资准入负面清单对服务业企业全要素生产率具有促进效应

资料来源：笔者整理。

四、区域政策的生产率效应研究

区域政策同样也对生产率有一定影响。区域政策的生产率效应研究所选的

"准自然实验"有东部率先发展、高铁开通、行政调整、东北振兴等（见表 2-5）。研究发现大部分区域政策对生产率存在促进作用。

表 2-5　国内选取区域政策作为"准自然实验"的生产率相关研究

研究	样本期限及类型	所选自然实验	生产率相关研究结论
张成等（2017）	1995~2014 年省级数据	东部率先发展	该政策使东部地区 TFP 增长速度领先其他地区，主要依赖技术进步的快速上升
李欣泽等（2017）	工业企业数据库	2008~2012 年"四纵四横"高铁开通站点	高铁开通促进资本要素流动，优化了资本要素的配置情况，从而提高企业生产率
陈刚和李潇（2017）	1978~2007 年省级数据	1997 年重庆市的行政区域调整	该调整提升了试点城市的劳动生产率
张学良等（2017）	1993~2010 年江浙沪 131 县市区数据	长江三角洲城市经济协调会的建立	加入长江三角洲城市经济协调会会使地区劳动生产率显著提高，并且效应随时间增强
苏明政等（2017）	1994~2014 年 271 个地级市数据	2003 年东北振兴战略实施	东北振兴战略并未显著增强东北地区的 TFP
张浩然（2015）	2005~2012 年广东省地级市数据	2008 年珠三角"腾笼换鸟"产业和劳动力双转移战略	该战略使粤东、粤西、粤北地区中欠发达城市的劳动生产率提高 3 个百分点左右，但是整体上不具有统计显著性
陈浩和罗力菲（2023）	2010~2019 年京津冀区域内城市和周边参照城市	《京津冀协同发展规划纲要》实施	区域协同发展政策具有显著的要素流动促进效应和全要素生产率提升效应
邓宏等（2024）	2015~2021 年中国制造业上市公司数据	粤港澳大湾区规划	大湾区规划显著提高了区域内企业全要素生产率，其更大程度上提升了外资及其他企业、中心城市企业和传统制造企业的全要素生产率

资料来源：笔者整理。

五、产业政策的生产率效应研究

产业政策作为政府调控的重要手段，在我国被广泛使用。产业政策的生产率效应研究所选的"准自然实验"主要是针对部分重点产业实施的综合性规划政策（见表 2-6）。学者们研究发现产业政策并非都能提升目标产业的生产率水平。

表 2-6 国内选取产业政策作为"准自然实验"的生产率相关研究

研究	样本期限及类型	所选自然实验	生产率相关研究结论
宋凌云和王贤彬（2013）	工业企业数据库	各省"九五""十五"和"十一五"规划中重点产业政策	地方政府的重点产业政策显著提高了地方产业的生产率
孙晓华和郭旭（2015）	1999～2000 年行业数据	2006 年《国务院关于加快振兴装备制造业的若干意见》颁布	该意见使装备制造业 TFP 增加 4.8%
刘晔等（2016）	工业企业数据库	国企混合所有制改革	国企改革后 TFP 显著提高，并且国有控股型所有制改革效果略高于完全私有化改革
钱雪松等（2018）	2006～2011 年上市公司数据	2009 年十大产业振兴规划	十大产业振兴规划降低了企业资本配置效率，导致 TFP 显著下降
佟岩等（2024）	2008～2019 年中国沪深 A 股上市公司	设立国家集成电路产业投资基金	显著提升了企业全要素生产率，缓解融资约束、促进企业创新和降低信息不对称是产生上述效应的三种路径

资料来源：笔者整理。

六、收入与社保政策的生产率效应研究

除上述几类政策的生产率效应研究以外，收入与社保政策对生产率也有一定影响，如劳动力保护政策等，如表 2-7 所示。

表 2-7 国内选取收入与社保政策作为"准自然实验"的生产率相关研究

研究	样本期限及类型	所选自然实验	生产率相关研究结论
胡务等（2017）	2007～2014 年工业上市公司数据	2011 年《工伤保险条例》修订	工伤风险高的企业因为该条例修订显著降低了 TFP 增长速度，其中国企的 TFP 受影响最大
张成刚和李彦敏（2015）	2003～2012 年行业数据	2008 年《中华人民共和国劳动合同法》生效	更严格的雇佣保护会降低生产率的增长速度，但总体来看提高雇佣保护程度对生产率影响很小
张楠和卢洪友（2017）	2005～2013 年上市公司数据	2009 年"限薪令"出台	"限薪令"减少了企业过度投资，提高了 TFP
蒋灵多和陆毅（2017）	工业企业数据库	2004 年《最低工资规定》颁布	该规定促使企业精减劳动力，提高了企业生产率，从而抑制了僵尸企业的形成

资料来源：笔者整理。

第四节　产能过剩和去产能政策研究综述

2016 年之前，我国煤炭、钢铁、水泥等部分行业出现明显的产能过剩问题，我国政府也通过制定一系列政策措施来处理产能过剩问题，但收效不明显，甚至部分领域出现了"越调越乱"的现象。2015 年底，中央经济工作会议明确提出 2016 年的首要任务是供给侧结构性改革，其中供给侧结构性改革五大结构性改革任务之首就是积极稳妥化解产能过剩，即去产能。本节将结合现有研究对我国产能过剩的形成原因进行综述，并分析产能利用率变动的经济影响，最后总结处理产能过剩问题的国际经验。

一、我国产能过剩的形成原因研究

不同经济体、不同时期出现的产能过剩现象背后的原因纷繁复杂，众多学者从单一或者多个角度分析了产能过剩的原因。此前，学者们普遍从自身擅长的角度去分析产能过剩的原因，以至于产能过剩的形成原因缺乏一个系统性汇总。对于我国产能过剩的现象，学者们分别从潮涌现象（林毅夫等，2010）、政策性补贴（耿强等，2011；江飞涛等，2012）、资本市场扭曲（时磊，2013）、城市化动因（刘航和孙早，2014）、政府不当干预（王文甫等，2014；余东华和吕逸楠，2015）、地方官员任期（干春晖等，2015）、财政政策（郭长林，2016）等众多因素分析了产能过剩的形成原因。

夏飞龙（2018）首次根据产业组织理论，从企业行为的微观视角，对现有产能过剩成因进行了较为系统性的综述。本节认为夏飞龙（2018）的综述较为完善地汇总了产能过剩的成因，并较为清晰地梳理了此前研究的混乱之处，因此本节在产能过剩成因部分将按照夏飞龙（2018）的框架进行综述。

从企业行为角度来看，夏飞龙（2018）认为企业过多进入、企业过少退出、企业过度竞争是三个导致产能过剩的直接原因。任何产能过剩都直接可以认为是上述三种扭曲的企业行为导致的，而其背后又有其他原因导致了这三种扭曲的企业行为。因此，不管是学者提到的宏观原因、微观原因，还是政府原因、市场原因等，最终肯定是通过上述三种扭曲的企业行为导致的产能过剩问题。

从企业过多进入角度分析，对于在位企业，夏飞龙（2018）认为产能过剩有三个成因：一是阻止策略。在位企业过度投资，让潜在企业认为如果进入该领域将无需求空缺，从而阻止潜在企业进入。二是串谋策略。部分研究认为过度投资可以有利于企业串谋。三是应对不确定性。在面对不论是来自需求的不确定性还是来自政策的不确定性时，过度投资可以帮助企业更好地应对，有学者称其为"有计划"的过度投资。其后部分学者认为企业的等待是有价值的，企业将过度投资当作购买了一个实物期权，过度投资可以确保企业在未来需求增长时提高产量。

对于潜在企业，夏飞龙（2018）认为产能过剩有三个成因：一是市场结构影响。部分研究认为在自由进入的情况下，寡头市场结构和较低的进入壁垒会导致产能过剩。二是信息不对称和不确定性。对于某些规模经济显著、周期波动明显的行业，产能竞争是经营战略的核心环节。此时，在位企业的过度投资可能并不会阻止潜在企业进入市场，反而会导致潜在企业大量进入。部分学者称该现象为"羊群效应"或"潮涌现象"，即当在位企业扩大产能的同时，其他企业也会采取扩大产能的行为。三是市场分割及投资成本和风险外部化。这点主要是源于我国的体制情况，财政分权、税收制度带来的市场分割很可能会引起地方政府的地方保护行为。政府过度补贴和过度的产业政策保护使企业承担过低的投资成本和风险，导致企业过度投资。

从企业过少退出角度来看，夏飞龙（2018）认为产能过剩有三个成因：一是退出壁垒和"囚徒困境"。部分学者认为较高的沉没成本和资产的专业性导致企业面临较高的退出壁垒，因此形成了产能过剩问题。部分学者认为在有些情况下，在其他企业退出市场后，剩下的企业会存在获利的可能性，这样导致的"囚徒困境"问题可能会引起产能过剩。二是预算软约束和僵尸企业。部分非市场化因素也会使企业过少退出从而出现产能过剩问题。以僵尸企业为例，日本的银企关系和中国的政企关系是各自阶段存在大量僵尸企业的重要原因，大量僵尸企业的存在显然会带来产能过剩问题。三是对外转移产能受阻。西方国家近年来的贸易保护主义在一定程度上阻碍了我国产能对外转移的进程，同时面对不熟悉的商业环境，对外转移产能也存在较大风险。

从企业过度竞争角度来看，夏飞龙（2018）认为产能过剩有三个成因：一是低集中度；二是需求相对下降；三是企业技术创新不足。当产能扩大时，如果出现这三个现象，就十分容易出现产能过剩问题。详细内容如表2-8所示。

表2-8　企业行为视角的产能过剩成因综述

对象	成因	成因类型	后果	代表性文献
在位企业	阻止策略	市场	过多进入	Spence（1977）、Huisman 和 Kort（2015）
	串谋策略	市场		Benoit 和 Krishna（1987）、Fershtman 和 Gandal（1994）
	应对不确定性	市场/政府		Hartman（1972）、Sarkar（2009）、Della Seta 等（2012）
潜在企业	市场结构	市场		Esposito 和 Esposito（1974）、吕政和曹建海（2000）
	信息不对称和不确定性	市场		Banerjee（1992）、林毅夫（2007）、徐朝阳和周念利（2015）
	市场分割及成本和风险外部化	政府		江飞涛等（2012）、周黎安（2004）
在位企业	退出壁垒和"囚徒困境"	市场	过少退出	Crotty（2002）、韩文龙等（2016）
	预算软约束和僵尸企业	政府		Dewatripont 和 Maskin（1995）、张栋等（2016）
	对外转移产能受阻	市场/政府		郑炜（2017）、赵文报和李英（2018）
在位企业	低集中度	市场	过度竞争	万岷（2006）、冯梅（2013）
	需求相对下降	市场		Crotty（2002）、Fagnart 等（1999）、张新海和王楠（2009）
	企业技术创新不足	市场/政府		夏晓华等（2016）、韩国高（2018）

资料来源：夏飞龙（2018）。

二、我国产能利用率变动的经济影响

我国经济发展过程中多次出现了产能过剩问题，历次产能过剩问题的出现均对我国经济可持续发展与社会和谐稳定带来负面影响。此前，学者们主要聚焦于产能过剩的概念、测算、成因等方面的研究，而研究产能过剩对经济影响的相关文献较少。随着产能过剩带来的各类问题凸显，学者们逐渐开始研究产能过剩问题的影响。本部分通过综述相关文献，将我国产能利用率变动的经济影响划分成产品价格、投资行为、其他企业行为、其他方面四类。

（一）产能利用率对产品价格的影响

产能过剩意味着厂商实际产能超出市场有效需求，此时市场将通过价格信号调整当前的不均衡状态，因此产能利用率会对产品价格产生影响，理论上产能过剩造成的供过于求会导致工业生产者价格指数（PPI）下降。但当前研究发现产能过剩并不一定会导致产品价格下跌。顾晓安和蔡玲（2018）发现山西煤炭行业产能过剩直接导致产品价格下降。刘航等（2015）利用省级面板数据发现上一年的产能过剩现象并未引起 PPI 下降，反而轻微拉升了 PPI，即存在市场失灵的现象，同时政府干预越多的区域，其市场失灵程度越高。吕靖烨等（2017）认为由于我国煤炭的刚性需求属性，产能过剩并不是影响我国煤炭价格变化的主要因素。

（二）产能利用率对投资行为的影响

当企业的产能利用率下降时，其生产设备闲置、生产行为缩减，理性的企业将会减少下期投资从而提高产能利用率，因此理论上产能过剩会抑制企业投资行为。但学者发现我国的产能过剩并不完全会抑制企业投资行为，即使产能利用率较低时，企业也可能会增加投资。孙巍等（2009）发现我国工业各行业产能利用水平对固定资产投资的影响存在行业异质性，并不是简单的正向或负向关系。他们认为产生异质性的原因是各行业对未来需求的预期与现实结果存在一定程度的偏差，致使产能利用率与实际需求变化不一致。韩国高和王立国（2013）指出在理论上产能利用率与固定资产投资存在正向影响关系，即产能过剩会抑制固定资产投资，但他们后续实证研究发现事实上我国的产能过剩现象并未抑制固定资产投资。他们进一步从自筹资金和国内贷款两个渠道分析其中的原因，研究发现已经存在的产能过剩情况并未抑制企业通过自筹资金进行固定资产投资，但抑制了企业通过国内贷款进行固定资产投资。张前程和杨光（2016）也得出总体上产能过剩对企业投资行为不存在抑制效应的结论，但他们发现中西部区域存在投资抑制效应，1990~2001 年及 2008~2011 年两个阶段存在投资抑制效应。王自锋和白玥明（2017）发现产能过剩能够导致企业增加对外直接投资，其中由于体制性产能过剩而不是竞争性产能过剩致使企业选择对外直接投资的行为。

（三）产能利用率对其他企业行为的影响

除投资行为外，产能利用率也能影响其他企业行为。大部分研究认为产能过剩对企业存在负面影响。高晓娜和兰宜生（2016）研究发现产能过剩对企业出口产品质量存在抑制效应，他们发现企业产品越同质化、企业生产率越低，产能利用率下降对企业出口产品质量的抑制效应越大；同时，本土企业和低端商品的抑制效应显著高于外资企业和高端产品。任韬和张潇潭（2023）也发现产能利用率的改善有助于企业全要素生产率的提升。刘军（2016）提出并实证检验了"产能—出口"假说，即产能利用率越高的企业越倾向于产品出口而不是产品内销。其原因在于产能利用率较低的企业受限于内部规模经济程度低、研发投入不足、较高的资金约束等因素，从而难以选择出口行为。郑晶晶等（2016）研究发现产能过剩严重抑制了产业升级。冯伟（2017）认为当前产能利用率的提高并不能带来全要素生产率的提高。张皓等（2018）发现产能过剩对企业全要素生产率存在负面影响，其中从企业性质来看，国有、内资、规模越大的企业，该负面影响越明显。从区域来看，东、中、西、东北区域及一线到四线城市的负面影响分别依次递增。

（四）产能利用率的其他影响

除了上述三类影响，产能利用率变动还存在其他影响，如环境影响、社会影响、税收影响、金融影响等。张平淡和张心怡（2016）、陆远权和朱小会（2016）发现产能过剩对环境污染存在显著影响。刘晨跃和徐盈之（2019）发现结构性产能过剩影响环境污染，其中固态污染和气态污染是显著的，其影响程度存在严重的区域异质性。沈煜和丁守海（2016）通过比较20世纪90年代的国企改革与现阶段的去产能情况，指出当前去产能的社会失业压力远小于上一轮国企改革，失业风险可控。河北省国家税务局收入规划核算处课题组等（2017）研究发现河北产能过剩对税收增长存在显著的负向影响。顾晓安和蔡玲（2018）发现山西煤炭行业的产能过剩现象增加了企业经营风险和地区金融风险，其中企业经营亏损在产能过剩与地区金融风险的传导机制中存在显著的中介效应。孙安其（2018）发现由于产能过剩导致企业经营、财务风险提高，会计师事务所通过提高审计费用来降低审计风险，即审计费用中包括了风险溢价。陈林等（2024）研究发现，在产能不足的行业，正式与非正式环境规制均能有效减少企业污染排放，但会降低企业经济绩效；在产能过剩的行业，正式与非正式环境规制的治理效果同样明显，但对企业经济绩效的影响存在不确定性。

（五）产能利用率的影响总结

具体来看，本部分将现有相关文献根据影响类型分为产能利用率变动对产品价格、投资行为、其他企业行为、其他方面的影响。通过综述相关文献，本部分得出以下几点结论：一是由于市场失灵等原因，产能过剩并不一定会使产品价格下降，通过价格机制化解产能过剩的经济反馈不存在；二是产能过剩总体上并未抑制企业投资行为，通过抑制投资行为化解产能过剩的经济反馈不存在；三是产能过剩会改变企业的其他行为并造成负面影响，如抑制企业出口产品质量、抑制企业出口行为、抑制产业升级、降低全要素生产率等；四是产能过剩还会带来其他方面的经济影响，如导致环境污染、降低税收、增加金融风险等。

三、处理产能过剩问题的国际经验

产能过剩问题是世界各国普遍面临的问题之一，其他经济体如何化解过剩产能值得我们了解和学习。

（一）美国处理产能过剩的经验

1. "马歇尔计划"从需求侧输出过剩产能

"二战"期间美国工业迅速发展，战后欧洲遭受重创，美国对欧洲出口大幅下降，出现了严重的产能过剩问题。1947年，美国推出了"欧洲复兴计划"，即所谓的"马歇尔计划"，通过对欧洲国家进行经济援助，帮助欧洲国家重建。在美国国内发生产能过剩的情况下，"马歇尔计划"为国内的过剩产能提供了广大的海外市场，通过扩大海外需求来消耗国内的过剩产能，从需求侧解决了国内产能过剩问题。

2. 鼓励企业兼并重组，产业结构升级淘汰落后产能

20世纪80年代至20世纪90年代，美国汽车、钢铁产业等传统制造业出现了产能过剩问题，美国采取重点发展服务业和高新技术产业等方式来调整产业结构，从而淘汰落后产能。21世纪初期，互联网泡沫造成过度投资，美国电子制造业和信息通信产业等高新技术产业出现了一定程度的产能过剩问题，这次产能过剩问题主要通过市场上企业的破产和企业间并购重组等方式缓解。2008年国际金融危机后，美国工业产能利用率一度跌至67.2%，出现了严重的产能过剩问题，奥巴马政府提出了"再工业化"战略，大力发展技术密集型新兴产业，促进了产业结构调整从而逐步走出产能过剩。

3. 美国政府的调控经验

在面对产能过剩问题时，美国政府主要通过市场机制进行调整，但也没有排斥政府调控。美国政府通过制定企业能效规定来淘汰低能效、落后产能。1980年5月美国开始对多种电器产品实施强制性的能效标识（Energy Guide），给出产品能源消耗值，以便消费者购买高能效电器。1992年美国能源部和环保署创立

"能源之星"（Energy Star）标识制度，贴上"能源之星"标识的产品意味着该产品达到美国政府认可的能效水平，美国政府和民众将会优先购买及使用该产品。美国通过众多制度法规等政府行为来建立更加严格的能效标准，从而有效淘汰了高污染高耗能的落后产能。

其中，1992 年开始实施的"能源之星"标识制度效果显著，众多学者对其政策影响进行了研究。Datta 和 Filippini（2016）估计了"能源之星"标识电器的购买折扣政策对其销售份额的影响，研究发现购买折扣政策使"能源之星"电器的销售份额提高了 3.3%~6.6%，也就是说，"能源之星"电器购买折扣政策使民众增加了对节能电器的使用。Ward 等（2011）研究了"能源之星"标识如何影响消费者对冰箱的偏好，研究发现消费者平均愿意为"能源之星"标识的冰箱额外支付 249.82~349.30 美元，消费者既有私人动机也有公共动机，私人动机是标识冰箱更加节能，可以减少使用成本，公共动机是使用标识冰箱可以保护环境。

（二）日本处理产能过剩的经验

1. 实施出口导向政策，积极扩大海外投资

"二战"后，日本经济开始复苏，工业发展迅速，出现了部分劳动密集型产业产能过剩现象。为了化解过剩产能，日本开始实施出口导向政策。此后出口导向政策效果显著，为国内企业开拓了广阔的海外市场，日本对外依存度也从 1946 年的 10%迅速上升到 1960 年的 38.3%。

2. 实施"国民收入倍增计划"，扩大内需，促进民间消费

国内需求是影响产能利用率的重要因素之一。20 世纪 50 年代中期，通过实施出口导向政策，日本经济增长迅速。但到了 20 世纪 50 年代后期，日本国内有效需求基本处于饱和状态，经济增长过度依赖出口，主要行业出现了产能过剩情况，社会对经济能否持续快速增长缺乏信心。在这种背景下，日本政府于 1960 年推出了"国民收入倍增计划"，将提高国民收入作为政府的重要政策目标之一，从需求侧的角度特别是通过扩大内需的方法解决产能过剩问题。"国民收入倍增计划"实施效果显著，由此日本国民收入大幅增加并有效刺激了民间消费，民间消费占比一度达到 GDP 的 60%以上。在经济增长方面，1961~1970 年日本 GDP 增长率达到 10%，远超计划的 7.8%。同时，居民生活水平也大幅提高，居民收入年增长率超过 10%，居民家庭中耐用消费品电器普及率达到 90%以上。

第三章　环保督察的生产率效应

第一节　引言

中央生态环境保护督察（简称"环保督察"）是推进供给侧结构性改革的契机和动力，是推进生态文明建设的重要抓手，也是当前生态文明建设中极为重要的制度体系之一。早在 2015 年 7 月中央全面深化改革小组第十四次会议审议通过的《环境保护督察方案（试行）》提出建立环保督察工作机制，随后由中共中央办公厅、国务院办公厅印发。环保督察被党中央、国务院赋予了更高的权威，体现了"党政同责"的治理机制。从 2016 年以来，历时两年时间，第一轮环保督察组分四批次覆盖我国所有省份。① 至今，环保督察已经完成两轮，第三轮环保督察已于 2023 年全面启动。

环保督察和经济高质量发展并不相悖。《中共中央　国务院关于加快推进生态文明建设的意见》中提到，加快推进生态文明建设是加快转变经济发展方式、提高发展质量和效益的内在要求。高质量发展的一个经济指标就是生产率提高。那么 2016 年起实施的环保督察是否导致我国高污染行业转向高质量发展阶段？如果环保督察存在生产率效应，其对高污染行业生产率的促进作用有多少？其中的传导机制是怎么样的？这些问题值得深入探讨。

---

① 2016 年 1 月，河北是环保督察试点省份，本书将其划分进第一批次中。

为了尝试回答这几个问题，本章采用双重差分法，从上市公司微观角度对2016年起实施的环保督察进行生产率效应评估，同时本章从影响机制角度进一步对环保督察进行了分析。本章得到的环保督察政策评估结果不仅可以为政策决策层对环保督察政策的后续调整提供参考，还可以为未来类似政策的制定提供科学依据。

理论上，如此高规格的环保督察，短期来看不可避免地会给企业带来额外的治污成本，对企业生产率产生抑制作用。但环保督察对大批违规排放的"散乱污"企业进行依法整改和关停，将环境污染的"外部效应"内部化，部分低效企业退出市场。随着环保不合规的落后企业逐渐整改或退出，部分高污染行业中存在的"劣币驱逐良币"现象将会得到有效改善，任何合法排污、守法经营的大中小企业将成为受益者。此时，通过"环保督察—行业集中度—生产率"传导机制，环保督察对优质企业的生产率将会产生促进作用。

综合来看，"治污成本提高"生产率抑制效应和"集中度提高"生产率促进效应最终构成了环保督察的生产率效应。从不同污染程度的行业来看，对于轻度污染的行业，两个效应均较小，环保督察的影响较低。对于污染严重的行业，环保合规、优质企业的生产率抑制效应较小，"集中度提高"带来的生产率促进效应较大。

对于本章涉及的上市公司，自2001年来相关部门就已经开展了重污染行业的上市公司环保核查工作，而且上市公司的相关环保核查工作相对一般企业更加严格①，因此本章认为相对于一般企业，上市公司总体上属于合规排污、守法经营的优质企业。② 那么，上市公司的"治污成本提高"生产率抑制效应较小，对于属于不同污染水平的行业内的上市公司，环保督察政策效应差异在于"集中度提高"生产率促进效应的差异。③ 在缺乏2016年后的其他非上市公司微观企业

---

① 《关于对申请上市的企业和申请再融资的上市企业进行环境保护核查的通知》（环发〔2003〕101号）、《关于进一步规范重污染行业生产经营公司申请上市或再融资环境保护核查工作的通知》（环办〔2007〕105号）、《关于加强上市公司环境保护监督管理工作的指导意见》（环发〔2008〕24号）、《关于印发〈上市公司环保核查行业分类管理名录〉的通知》（〔2008〕373号）等众多相关文件中涉及的上市公司环保排污标准都更加严格。

② 同时考虑到环保处罚事件对上市公司市值的负面效应约束，上市公司总体上倾向于合规排污的企业行为。

③ 如果不认可重污染行业和非重污染行业上市公司的"治污成本提高"生产率抑制效应差异不大，那么本章的评估结果可以理解为是重污染行业上市公司的环保督察的综合生产率效应，这同样与本章的研究目的无差异。如果认可重污染行业和非重污染行业上市公司的"治污成本提高"生产率抑制效应差异不大，那么本章的评估结果还可以理解为是重污染行业上市公司的"集中度提高"生产率促进效应。

数据的情况下，本章的主要目的是在上市公司数据的基础上，评估环保督察给重污染上市公司带来的综合生产率效应。

第二节　研究设计

一、样本选择与数据来源

为了识别环保督察的生产率效应，本章选择 2009～2017 年制造业上市公司作为研究对象，上市公司年度报告相关数据来源于东方财富 Choice 金融终端。为了保证样本变量数据的合理性，本章将重大资产重组视为企业变更，那么如果上市公司在某年（t 年）进行了重大资产重组，本章将这个上市公司在该年前（t 年前）与该年后（t 年后）视为两个不同的样本并加入总样本中，即在总样本中存在两个子样本：一是该公司在 t 年前的时间序列数据，二是该公司在 t 年后的时间序列数据。为了保证财务报表的合理性，对于年度财务报表被出具"无法（拒绝）表示意见"的上市公司，本章认为其当年财务报表数据不可信，剔除当年观测值。为了缓解极端值对估计结果的影响，本章对模型中所有连续变量进行 1% 和 99% 分位的缩尾处理。

当前，制造业中的钢铁行业上市公司同时受到环保督察和去产能两个重要政策的叠加影响，而且这两个政策的开始实施时间相近，都可以视为在 2016 年开始实施的。在环保督察的政策效果评价时，若不剔除钢铁行业上市公司，去产能政策效果可能会混入本章环保督察政策效果的估计结果中。① 因此，本章在制造业总样本中剔除了所有钢铁行业上市公司。最终本章处理得到 2009～2017 年制造业上市公司的非平衡面板并以此作为后续实证研究的数据基础。

---

① 本章同时对未剔除钢铁行业的样本进行了环保督察的生产率效应估计，结果表明未剔除钢铁行业会使环保督察的政策效果更显著。但直观上看，去产能会提高钢铁行业上市公司的生产率，若不剔除钢铁行业，将会高估环保督察的政策效果。

二、实证模型构建

为了考察环保督察对制造业上市公司的生产率效应，基于双重差分法，本章构建如下计量模型：

$$Y_{i,t} = \beta_0 + \beta_1 Effect_{i,t} + \beta_2 TreatedTime_t + \beta_3 TreatedGroup_i +$$

$$\sum_j \alpha_j \times PreControl_{j,i} \times \gamma_{year} + \gamma_i + \gamma_{pro\text{-}year} + \gamma_{pro\text{-}ind} + \varepsilon_{i,t} \qquad (3\text{-}1)$$

式（3-1）中，i 表示公司；t 表示年份；被解释变量 $Y_{i,t}$ 表示公司生产率水平；① $TreatedTime_t$ 表示环保督察政策实施前后的时间虚拟变量；$TreatedGroup_i$ 表示公司是否受环保督察政策影响的组别虚拟变量；② $Effect_{i,t}$ 表示上述时间虚拟变量（$TreatedTime_t$）和组别虚拟变量（$TreatedGroup_i$）相乘获得的交叉项，这一项的系数 β_1 就是环保督察的生产率效应；$PreControl_{j,i}$ 表示前定控制变量，其中包括生产率水平、盈利能力、市场集中度、资本结构、公司规模、产能水平、库存水平、污染情况、研发水平；γ_{year} 表示年份虚拟变量；同时，模型还控制了部分固定效应，其中，γ_i 表示不可观测的个体固定效应；$\gamma_{pro\text{-}year}$ 表示省份—年份联合固定效应；$\gamma_{pro\text{-}ind}$ 表示省份—行业联合固定效应；③ $\varepsilon_{i,t}$ 表示随机扰动项。此外，随机扰动项可能存在异方差和序列相关问题，这会导致估计时低估系数的标准误。虽然模型中加入的一系列固定效应可以在一定程度上缓解该问题，但仍存在部分异方差和序列相关问题，因此本章在公司层面进行聚类稳健标准误计算。④

三、变量定义与说明

（一）被解释变量：公司生产率

本章使用劳动生产率和全要素生产率两项指标衡量上市公司的生产率水平。⑤ 为

---

① 被解释变量为劳动生产率时，本书将取对数处理，少量劳动生产率为负的企业，本书将其直接剔除；被解释变量为劳均利润时，因负数较多，本书不进行取对数处理。

② $TreatedGroup_i$ 和 $TreatedTime_t$ 与固定效应虚拟变量存在多重共线性，模型估计时会被忽略。

③ 为了简略表示模型，下文模型统一使用 γ 表示个体、省份—年份联合、省份—行业联合固定效应。

④ 随机扰动项在年份层面同样也存在此类问题，但聚类变量分类过少时，不宜在该层面进行聚类。本书数据在年份层面的聚类数量为9，因此本书不选择进行多向聚类稳健标准误计算。

⑤ 本章所考虑的生产率均是包括产能利用率的生产率指标，其原因有两点：一是目前学术界普遍使用通过资本存量计算得出的生产率指标，将这种生产率中的产能利用率剔除的研究极少；二是产能利用率提高带来的生产率提高也是本书希望看到的政策效应之一。因此，需要注意本书的生产率并不能完全等价于技术水平。

了保证估计结果的可靠性，本章还使用易于计算的劳均利润（营业利润/员工总数）作为劳动生产率的代理变量进行稳健性检验并汇报。[①] 具体来看，本章使用固定效应方法和 LP 方法两种计算方法测算全要素生产率以保证结果的可靠性[②]，全要素生产率的计算参照 Olley 和 Pakes（1996）、Levinsohn 和 Petrin（2003）、鲁晓东和连玉君（2012）的相关研究。

上市公司劳动生产率没有直接在年报中公布，因此需要我们计算得到。企业层面的劳动生产率可以定义为企业增加值除以员工总数。其中，员工总数在上市公司年报中直接公布，上市公司增加值并未直接公布，因此本章需要测算上市公司的增加值。本章根据收入法采用式（3-2）测算上市公司的增加值。

上市公司增加值$_t$=固定资产折旧$_t$+劳动者报酬$_t$+生产税净额$_t$+营业利润$_t$

$$(3-2)$$

在测算上市公司增加值时，各类研究的主要差异在于如何利用上市公司的年度报表数据构建收入法的四部分。对于固定资产折旧，处理宏观区域或者行业数据时，学者通常使用永续盘存法测算资本存量，然后乘上折旧率得到固定资产折旧。其中，使用永续盘存法公式时，需要先计算出当年的固定资产投资额，一般通过当期固定资产原值减上期固定资产原值得到。这里存在一个问题，当年固定资产原值的变动原因不仅有当年固定资产投资，还有固定资产报废[③]、购入和卖出固定资产。而购入的固定资产一般是以原值计入财务报表中，此时，永续盘存法对于每期的投入均进行价格平减的优势将不复存在。为了方便测算并减少各步骤积累起的测算误差，参照李永友和严岑（2018）等研究，本章使用期末固定资产衡量资本存量。参照郭庆旺和贾俊雪（2004）、陈昌兵（2014）等研究，本章将折旧率定为5%，从而得出固定资产折旧是固定资产净值乘5%。

对于劳动者报酬，考虑白成太和陈光（2016）、李永友和严岑（2018）等研究，本章采用两部分构成：一部分是当期实际发放的现金薪酬，即现金流量表中

[①] 不同于劳动生产率，劳均利润的计算步骤简单，各步骤积累的计算误差较少，因此本书采用劳均利润作为代理变量进行稳健性检验。

[②] OP 方法计算全要素生产率需要企业退出数据，而上市公司的企业退出数据不明确。但在本书第六章中样本为平衡面板，不涉及企业退出情况，因此本书在第六章的全要素生产率以 OP 方法和 LP 方法两种方法计算所得。

[③] 部分学者在计算宏观资本存量时提到，固定资产报废比率很低，影响较小且可以忽略不计。但是对于上市公司个体的资本存量测算，部分行业固定资产报废的影响并不能被忽略。

的"支付给职工以及为职工支付的现金"，另一部分是当期发生但未现金发放的薪酬，这部分也是当年劳动者报酬构成部分之一，具体由"当期应付职工薪酬"减"上期应付职工薪酬"计算得到。

对于生产税净额，本章参照白成太和陈光（2016）的做法，类似于劳动者报酬，同样使用两部分来推算上市公司当年实际承担的税费：一部分是公司当年现金支付的税费净额，使用现金流量表中的"支付的各项税费"减去"收到的税费返还"计算；另一部分是当年未现金缴纳但当期发生的税费，使用"当期应交税费"减去"上期应交税费"计算。对于营业利润，本章直接使用财务报表中的营业利润衡量。

综合考虑白成太和陈光（2016）、李永友和严岑（2018）等研究，本章按照表3-1对上市公司增加值收入法中的四个部分进行测算。为了消除各行业增加值的价格因素①，我们利用2010~2017年分行业工业生产者出厂价格指数将现价增加值和劳均利润调整为以2009年为基期的不变价数据。

表3-1　上市公司增加值收入法中的四个部分测算方法

增加值的四个部分	利用年报中公布指标的测算公式
固定资产折旧$_t$	固定资产$_t$×5%
劳动者报酬$_t$	支付给职工及为职工支付的现金$_t$+(应付职工薪酬$_t$-应付职工薪酬$_{t-1}$)
生产税净额$_t$	（支付的各项税费$_t$-收到的税费返还$_t$)+(应交税费$_t$-应交税费$_{t-1}$)
营业利润$_t$	营业利润$_t$

资料来源：笔者整理。

（二）解释变量：政策时间虚拟变量

政策时间虚拟变量 $TreatedTime_t$ 用来标记在 t 年环保督察是否实施，该虚拟变量在公司个体层面上是不变的，仅在年份层面变化，取值为0或1。环保督察在2016~2017年分四批实现了31个省区市（不含中国港澳台地区）全覆盖②，虽然第三批和第四批中央环保督察组于2017年进驻到部分省份，但环保督察在2016年已经部分实施，可能已经产生一定程度的政策效果，因此本章将环保督

---

① 在2016年后，部分行业的工业生产者出厂价格指数差异开始扩大。

② 河北省于2016年1月已经成为环保督察的试点省份，我们将其纳入第一批次中。

察政策实施时点定于 2016 年。政策时间虚拟变量取值见式（3-3）。

$$TreatedTime_t = \begin{cases} 1, & t \geq 2016 \\ 0, & t < 2016 \end{cases} \qquad (3-3)$$

（三）解释变量：政策组别虚拟变量

政策组别虚拟变量 $TreatedGroup_i$ 用来标记 i 公司是否是环保督察的影响对象，该虚拟变量在时间层面上是不变的，仅在公司个体层面变化，取值为 0 或 1。因为难以详细并准确地确定某个上市公司是否受到环保督察的影响，本章主要从公司所属行业将上市公司划分为环保督察的处理组和对照组。[①] 为了评估环保督察的政策效果，本章将重污染行业上市公司划分为环保督察的处理组，其他非重污染行业上市公司划分为对照组。按照官方对重污染行业的定义[②]，本章将官方定义的重污染行业与申万一级、二级行业相对应（见表 3-2）。[③] 政策组别虚拟变量取值见式（3-4）。

$$TreatedGroup_i = \begin{cases} 1, & i \text{ 公司属于重污染行业} \\ 0, & i \text{ 公司不属于重污染行业} \end{cases} \qquad (3-4)$$

政策交叉项为政策时间虚拟变量与政策组别虚拟变量的交叉相乘项，其变量取值见式（3-5）。

$$Effect_{i,t} = \begin{cases} 1, & i \text{ 公司属于重污染行业且 } t \geq 2016 \\ 0, & \text{其他情况} \end{cases} \qquad (3-5)$$

表 3-2　重污染行业与申万一级、二级行业对应

重污染行业	一级行业代码	二级行业代码
建筑材料	S610000	

---

① 根据上文分析，非重污染行业上市公司受环保督察的影响较小，重污染行业上市公司受到环保督察的影响较大。

② 《上市公司环保核查行业分类管理名录》将火电、钢铁、水泥、电解铝、煤炭、冶金、建材、采矿、化工、石化、制药、酿造、造纸、发酵、纺织和制革定义为重污染行业。2010 年 9 月环保部出台的《上市公司环境信息披露指南》（征求意见稿）也按照《上市公司环保核查行业分类管理名录》认定重污染行业。

③ 从《上市公司环保核查行业分类管理名录》看出，官方重污染行业定义时并没有依照工业二位行业代码，而是较为宽泛的定义。本章采用申万一级、二级行业来对应官方重污染行业，其原因是上市公司所属申万行业分类较细致，而上市公司所属二位代码工业分类较粗糙，以此更准确地划分出处理组样本。

续表

重污染行业	一级行业代码	二级行业代码
有色金属	S240000	
化工	S220000	
医药生物 （不包括医疗器械）（注）		S370100 S370200 S370300
食品饮料	S340000	
造纸（注）		S360100
纺织制造（注）		S350100

注：已经剔除钢铁行业上市公司，"（注）"表示该重污染行业是某个一级行业下多个二级行业的总和，但不包括整个一级行业，后续本书将利用该特征进行其他研究设计。

资料来源：笔者整理。

（四）前定控制变量

1. 直接加入控制变量的问题

如果采用直接加入控制变量的方式①，可能会因所选控制变量也受到政策影响，从而不能估计得到全面的环保督察政策效应。例如，销售毛利率是生产率变化研究中所选的重要控制变量之一，如果在模型中直接加入销售毛利率作为控制变量，因变量生产率将同时被政策交叉项和销售毛利率两个自变量解释。此时因为销售毛利率也可能受到政策影响，政策效应交叉项的估计系数并不能反映出全面的环保督察政策效应，因为部分政策效应已经由销售毛利率解释，并已经反映在控制变量销售毛利率的估计系数中。

换而言之，"环保督察—控制变量—生产率"传导机制可能存在，在模型中直接加入控制变量时，控制变量可能会解释部分政策的生产率效应，从而导致交叉项估计结果并不能代表全部的政策效应。同时，鉴于环保督察对上市公司生产经营行为影响较大，直接加入任何非前定控制变量，我们都不能保证该非前定控制变量不受到环保督察的影响并具有对生产率的中介效应。

---

① 这里所提到的控制变量均是在年份层面上存在变化的控制变量。因为在模型中已经加入企业个体固定效应，所以任何在年份层面上不变的控制变量均与企业个体固定效应产生完全共线性，即企业个体固定效应已经考虑了所有时不变的控制变量。同时，因为时不变的控制变量几乎不可能受到政策影响，所以时不变的控制变量不存在本部分提到的问题。

从多元回归中的偏效应的经济含义来看,在本章的政策效应评估中,直接加入控制变量的方式也是存在问题的。以直接加入销售毛利率作为控制变量的方式为例,这样得到的政策效应估计结果的经济含义是指在保持销售毛利率不变的情况下,政策交叉项对上市公司生产率的影响。然而,销售毛利率变化可能也是环保督察政策效应的体现,如果贸然直接控制了销售毛利率水平,估计出的生产率效应将会是某种间接并且片面的政策效果,而不是全面的政策效果。

2. 前定控制变量的作用

加入前定控制变量后,可以在一定程度上处理其他政策混杂问题。2016 年不仅是环保督察的政策实施起始年,同样是去产能、"去杠杆"等一系列其他重大政策的实施起始年。因此,试想这样一种其他政策的混杂途径:2016 年提出的"去杠杆"政策显然会影响高杠杆率上市公司的生产行为(假定短期内"去杠杆"政策会使高杠杆率的上市公司生产率受到冲击),而如果重污染与非重污染上市公司之间的杠杆率存在明显差异[①],那么"去杠杆"会对重污染与非重污染企业的生产行为产生不同程度的影响,从而形成"去杠杆"的生产率效应,即"去杠杆"的政策效果会混杂进本章所估计的环保督察政策效果中。同理,去产能等重大政策也可能存在上述问题。

为了处理其他政策混杂的问题,以"去杠杆"政策为例,本章在模型中加入 2015 年的资本结构(前定杠杆率)乘上政策时间虚拟变量作为前定控制变量,以此把生产率效应中与前定杠杆率有关因素予以控制[②],分离出与前定杠杆率无关的生产率效应,即分离了"去杠杆"的生产率效应。

参照 Li 等(2016)、Bai 和 Jia(2016)、蒋灵多等(2018)文献,本章构建模型时,加入了前定控制变量。具体来看,本章将所选控制变量在政策实施前一年(2015 年)的变量值($PreControl_{j,i}$)与时间虚拟变量(γ_{year})相乘获得相应的前定控制变量。[③] 其中,生产率水平用劳动生产率衡量,盈利能力用总资产净利率衡量,市场集中度用销售毛利率衡量,资本结构用资产负债率衡量,公司规

---

① 事实上,从数据中我们发现重污染上市公司的杠杆率相对非重污染上市公司高 4 个百分点左右。

② 我们选择控制前定杠杆率的原因是"环保督察—杠杆率—生产率"传导机制可能存在,直接加入杠杆率可能会使环保督察的生产率效应不全面。

③ 如果直接在模型中加入控制变量在政策实施前一年(2015 年)的变量值,其将会与企业固定效应出现完全共线性,估计时将会被省略,因此该方法不可取。

模用总资产对数衡量，产能水平用固定资产周转率衡量，库存水平用存货周转率衡量，污染水平用上市公司当年受到政府文件环境处罚次数衡量[1]，研发水平用研发支付占销售收入比例衡量。

（五）固定效应

在控制了不可观察的个体固定效应 γ_i 的基础上[2]，本章还对上市公司生产率的变化情况做了更精确的控制。参考 Moser 和 Voena（2012）、Garthwaite 等（2014）的做法，本章继续加入省份—年份、省份—行业联合固定效应[3]，进一步避免了遗漏变量问题，并且允许模型可以控制不同省份存在的不同时间趋势。例如，当不同省份在不同时间实施了影响生产率的经济政策时，只单独加入时间或公司固定效应并不能够分离出这些差异，而模型中加入省份—年份联合固定效应可以有效控制这些差异。

第三节 特征事实及实证分析

一、特征事实及简要判断

本部分对总样本、重污染、非重污染的劳动生产率对数、劳动生产率绝对值、劳均利润、FE 方法全要素生产率、LP 方法全要素生产率、销售毛利率的相关年份均值进行特征事实分析。通过分析相应的特征事实情况，我们可以对2009~2017 年我国上市公司总样本、重污染公司和非重污染公司的生产率水平等情况有大致的了解。同时，本部分还尝试对各指标的相关年份均值使用粗略的双重差分思想进行政策效果计算，本部分还对各指标的平行趋势进行了直观简要判断。本部分数据、图表的展示可以让我们更好地理解后续双重差分法的计量回归结果。

---

① 数据来源于公众环境研究中心（IPE），IPE 中这部分数据来源于政府官方网站。
② 控制公司个体固定效应后，因多重共线性问题，不再需要单独控制省份固定效应和行业固定效应。
③ 本章不加入行业—时间联合固定效应的原因在于本章所选政策的处理组大体上是以行业分类，行业—时间联合固定效应可能同样会造成上述加入非前定控制变量的问题。

（一）劳动生产率的特征事实

基于上述劳动生产率测算方法，表3-3、图3-1和图3-2呈现了全样本、重污染和非重污染三类分组上市公司相关年份劳动生产率对数和劳动生产率绝对值的特征事实。表3-3数据显示，2009~2017年总样本上市公司劳动生产率对数和劳动生产率绝对值的相关年份平均值分别为12.05和21.76万元/人。其中，重污染上市公司和非重污染上市公司劳动生产率对数的相关年份平均值差异较小，劳动生产率绝对值的相关年份平均值差异较大，重污染上市公司劳动生产率绝对值的历年平均值达到23.66万元/人，比非重污染上市公司高3.23万元/人。从变化趋势来看，除2011年和2012年下降外，总样本上市公司劳动生产率对数和绝对值总体随年份呈现明显的上升趋势，其中劳动生产率对数上升速度较平缓，从2009年的11.79升至2017年的12.41，绝对值上升速度较快，从2009年的18.35万元/人升至2017年的29.14万元/人，平均每年上涨约1.35万元/人。

表3-3　不同分组上市公司的劳动生产率对数和绝对值特征事实

年份	劳动生产率对数				劳动生产率绝对值（万元/人）			
	总样本	处理组	对照组	差分	总样本	处理组	对照组	差分
2009	11.79	11.86	11.73	0.13	18.35	19.83	17.06	2.77
2010	11.90	11.96	11.86	0.10	20.37	21.82	19.16	2.66
2011	11.95	11.99	11.92	0.07	19.93	21.82	18.54	3.28
2012	11.90	11.95	11.87	0.08	18.73	20.35	17.63	2.72
2013	12.01	12.04	11.99	0.05	20.21	21.46	19.41	2.05
2014	12.10	12.12	12.08	0.04	21.97	23.15	21.22	1.93
2015	12.14	12.20	12.10	0.10	21.87	23.53	20.76	2.77
2016	12.28	12.37	12.22	0.15	25.25	28.02	23.47	4.55
2017	12.41	12.51	12.34	0.17	29.14	32.98	26.64	6.34
平均	12.05	12.11	12.01	0.10	21.76	23.66	20.43	3.23
双差分*		0.28	0.19	0.09		7.16	4.07	3.10

注：这里的差分计算方法是2017年和2016年平均值与2015年和2014年平均值的差值，下同。

资料来源：笔者计算。

从重污染和非重污染上市公司生产率差距的变化趋势来看，2009~2015年两组子样本的劳动生产率对数差距在0.10左右波动，绝对值差距在1万~3万元/人波动，各年差距都较稳定、波动较小。2016~2017年两组子样本的劳动生产率对数差距较 2009~2015 年有小幅度扩大，绝对值差距出现明显扩大。从绝对值来看，重污染和非重污染上市公司差距在 2016 年和 2017 年达到了 4.55 万元/人和 6.34 万元/人。

重污染和非重污染上市公司的劳动生产率对数和绝对值的差距在 2016 年前后两段时间的变化情况对比可以认为是运用了双重差分法思想。从双重差分法思想的角度来看，环保督察使重污染上市公司的劳动生产率对数相对于"反事实"情况下增加了 0.09，绝对值相对于"反事实"增加了 3.10 万元/人。图 3-1 和图 3-2 更加直观地呈现了重污染和非重污染上市公司的劳动生产率对数和绝对值的变化及差距情况，从图 3-1 和图 3-2 可以看出，2016 年和 2017 年重污染和非重污染上市公司的劳动生产率对数和绝对值差距相比 2015 年和 2014 年出现扩大。特别是从劳动生产率绝对值来看，2017 年重污染和非重污染上市公司的绝对值差值已经远远大于 2015 年和 2014 年。

总体来看，通过双重差分法的思想，对比表 3-3、图 3-1 和图 3-2 中 2009~2015 年和 2016~2017 年两段时间的重污染和非重污染上市公司的劳动生产率水平差异，本章简要判断出 2016 年前后重污染和非重污染上市公司的劳动生产率水平变化很可能存在系统性差异，即环保督察对上市公司的劳动生产率存在一定政策效应。

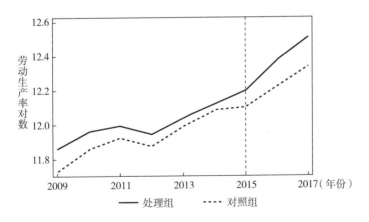

图 3-1　不同分组上市公司劳动生产率对数的变化趋势

注：垂直虚线年份为 2015 年，左边部分是环保督察未实施时期，右边部分为环保督察实施后。后续类似图同。

资料来源：笔者计算。

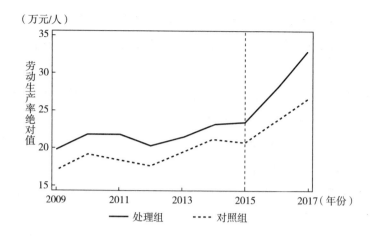

（万元/人）

图 3-2　不同分组上市公司劳动生产率绝对值的变化趋势

资料来源：笔者计算。

（二）劳均利润的特征事实

表 3-4 和图 3-3 呈现了全样本、重污染和非重污染三类分组上市公司历年劳均利润的特征事实。表 3-4 显示，2009~2017 年总样本上市公司劳均利润的平均值为 6.57 万元/人。其中，重污染和非重污染劳均利润的平均值差异较大，重污染劳均利润的平均值达到 7.62 万元/人，比非重污染上市企业高 1.77 万元/人。从变化趋势来看，2009~2015 年总样本、重污染和非重污染上市公司劳均利润总体都呈现缓慢下降趋势，而 2016~2017 年劳均利润都出现快速上升趋势，特别从重污染组上市公司来看，从 2015 年的 5.86 万元/人快速上升到 2017 年的 12.70 万元/人。

表 3-4　不同分组上市公司的劳均利润特征事实　　　单位：万元/人

年份	劳均利润			
	总样本	处理组	对照组	差分
2009	5.62	6.02	5.28	0.74
2010	7.24	7.87	6.72	1.15
2011	6.80	7.76	6.10	1.66
2012	5.48	6.48	4.81	1.67
2013	5.86	6.60	5.39	1.21

续表

年份	劳均利润			
	总样本	处理组	对照组	差分
2014	5.84	6.62	5.35	1.27
2015	5.36	5.86	5.03	0.83
2016	7.02	8.64	5.98	2.66
2017	9.87	12.70	8.04	4.66
平均	6.57	7.62	5.85	1.77
双差分		4.43	1.82	2.61

资料来源：笔者计算。

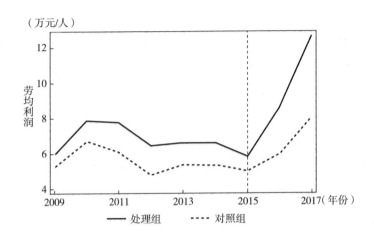

图 3-3　不同分组上市公司劳均利润的变化趋势

资料来源：笔者计算。

从重污染和非重污染上市公司劳均利润差距的变化趋势来看，2009~2015 年两组子样本的劳均利润差距在 1 万~2 万元/人波动，各年差距都较稳定、波动较小。2016~2017 年两组子样本的劳均利润差距较 2009~2015 年有大幅度扩大，重污染和非重污染上市公司劳均利润差距在 2016 年和 2017 年分别达到了 2.66 万元/人和 4.66 万元/人。

从双重差分法思想的角度来看，环保督察使重污染上市公司的劳均利润相对于"反事实"情况下增加了 2.61 万元/人。图 3-3 更加直观地呈现了重污染和非重污染上市公司劳均利润的变化及差距情况，从图 3-3 可以看出，2016 年和

2017 年重污染和非重污染上市公司劳均利润差距相比 2015 年和 2014 年出现明显扩大。

总体来看，通过双重差分法的思想，对比表 3-4 和图 3-3 中 2009～2015 年和 2016～2017 年两段时间的重污染和非重污染上市公司的劳均利润差异，本章简要判断出 2016 年前后重污染和非重污染上市公司的劳均利润的变化情况很可能存在系统性差异，即环保督察对上市公司的劳均利润存在一定的政策效应。

（三）全要素生产率的特征事实

表 3-5、图 3-4 和图 3-5 呈现了全样本、重污染和非重污染三类分组上市公司 2009～2017 年基于 FE 方法的全要素生产率（TFP_FE）和基于 LP 方法的全要素生产率（TFP_LP）的特征事实。表 3-5 显示，2009～2017 年总样本上市公司 TFP_FE 和 TFP_LP 的平均值分别为 12.90 和 9.37。其中，重污染和非重污染上市公司 TFP_FE 和 TFP_LP 的平均值差异都较小，TFP_LP 差异不到 10%。从变化趋势来看，除 2012 年下降外，TFP_FE 和 TFP_LP 总样本随年份呈现明显的上升趋势，处理组和对照组的上涨趋势差异较小。

表 3-5   不同分组上市公司的 TFP_FE 和 TFP_LP 特征事实

年份	TFP_FE				TFP_LP			
	总样本	处理组	对照组	差分	总样本	处理组	对照组	差分
2009	12.63	12.66	12.60	0.06	9.11	9.10	9.12	-0.02
2010	12.77	12.77	12.76	0.01	9.25	9.20	9.28	-0.08
2011	12.81	12.78	12.83	-0.05	9.32	9.25	9.37	-0.12
2012	12.75	12.75	12.75	0.00	9.26	9.21	9.29	-0.08
2013	12.84	12.82	12.86	-0.04	9.34	9.26	9.38	-0.12
2014	12.93	12.90	12.95	-0.05	9.40	9.32	9.45	-0.13
2015	12.99	12.99	13.00	-0.01	9.44	9.39	9.47	-0.08
2016	13.10	13.12	13.09	0.03	9.55	9.53	9.57	-0.04
2017	13.26	13.28	13.24	0.04	9.70	9.69	9.70	-0.01
平均	12.90	12.90	12.90	0.00	9.37	9.33	9.40	-0.07
双差分		0.25	0.19	0.06		0.26	0.18	0.08

资料来源：笔者计算。

从重污染和非重污染上市公司 TFP_FE 和 TFP_LP 差距的变化趋势来看，2009~2015 年两组子样本的 TFP_FE 差距不大，TFP_LP 差距在 -0.10 左右波动①，各年差距都较稳定、波动较小。2016~2017 年两组子样本的 TFP_FE 和 TFP_LP 差距较 2009~2015 年大体一致。

从双重差分法思想的角度来看，环保督察使重污染上市公司的 TFP_FE 相对于"反事实"情况下增加了 0.06，TFP_LP 相对于"反事实"增加了 0.08。图 3-4 和图 3-5 更加直观地呈现了重污染和非重污染上市公司 TFP_FE 和 TFP_LP 的变化及差距情况，从图 3-4 和图 3-5 可以看出，不管哪种计算方式，2011~2015 年重污染上市公司的 TFP 均小于等于非重污染上市公司。而到了 2016 年和 2017 年，重污染上市公司 TFP_FE 反超了非重污染上市公司，并大幅度缩小了与非重污染上市公司 TFP_LP 的差距。

总体来看，通过双重差分法的思想，对比表 3-5、图 3-4 和图 3-5 中 2009~2015 年和 2016~2017 年两段时间的重污染和非重污染上市公司的全要素生产率水平差异，本章简要判断出 2016 年前后重污染和非重污染上市公司的全要素生产率水平变化很可能存在系统性差异，即环保督察对上市公司的全要素生产率存在一定的政策效应。

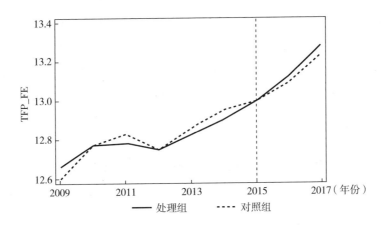

图 3-4 不同分组上市公司全要素生产率（FE 方法）的变化趋势

资料来源：笔者计算。

① 重污染行业上市公司的固定资产普遍高于非重污染行业上市公司，因此出现重污染上市公司劳动生产率高于非重污染上市公司，而全要素生产率低于非重污染上市公司的现象是可以理解的。

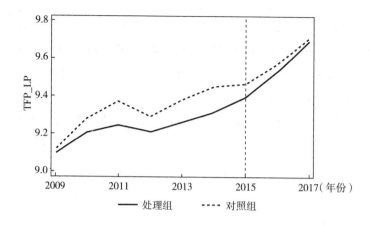

图 3-5　不同分组上市公司全要素生产率（LP 方法）的变化趋势

资料来源：笔者计算。

（四）销售毛利率的特征事实

表 3-6 和图 3-6 呈现了全样本、重污染和非重污染三类分组上市公司销售毛利率的特征事实。表 3-6 显示，2009~2017 年总样本上市公司销售毛利率的平均值为 26.74%。其中，重污染和非重污染上市公司销售毛利率的平均值差异较大，重污染上市公司销售毛利率的平均值达到 28.30%，比非重污染上市公司高 2.64 个百分点。从变化趋势来看，2009~2015 年总样本销售毛利率呈现缓慢上升趋势，上升了约 3 个百分点，而 2015~2017 年总样本销售毛利率出现快速上升趋势，上升了约 2 个百分点。特别从重污染上市公司来看，销售毛利率从 2015 年的 28.31% 快速上升到 2017 年的 32.06%，上升了约 4 个百分点。但非重污染上市公司的销售毛利率在 2017 年却出现小幅度下降情况。

表 3-6　不同分组上市公司的销售毛利率特征事实　　　　单位:%

年份	总样本	处理组	对照组	差分
2009	23.65	26.16	21.49	4.67
2010	24.89	26.79	23.34	3.45
2011	25.65	26.55	24.98	1.57
2012	25.98	27.09	25.22	1.87
2013	26.46	27.29	25.92	1.37
2014	26.65	27.88	25.86	2.02

续表

年份	总样本	处理组	对照组	差分
2015	26.96	28.31	26.05	2.26
2016	28.63	30.52	27.42	3.10
2017	29.04	32.06	27.09	4.97
平均	26.74	28.30	25.66	2.64
双差分		3.20	1.30	1.90

资料来源：笔者计算。

从重污染和非重污染上市公司销售毛利率差距的变化趋势来看，2011～2015 年两组子样本的销售毛利率差距在 2% 左右波动，各年差距都较稳定、波动较小。2016～2017 年两组子样本的销售毛利率差距较 2011～2015 年有大幅度扩大，差距在 2016 年和 2017 年分别达到了 3.10% 和 4.97%。

从双重差分法思想的角度来看，环保督察使重污染上市公司的销售毛利率相对于"反事实"情况下增加了 1.90%。图 3-6 更加直观地呈现了重污染和非重污染上市公司销售毛利率的变化及差距情况，从图 3-6 可以看出，2016 年和 2017 年重污染和非重污染上市公司销售毛利率差距相比 2015 年和 2014 年出现明显扩大情况，特别在 2017 年非重污染上市公司销售毛利率小幅度下降，而重污染上市公司销售毛利率仍持续上升。

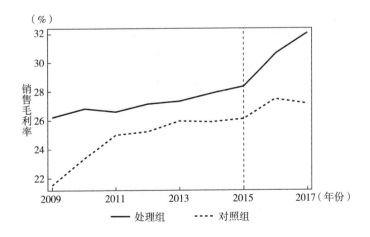

图 3-6 不同分组上市公司销售毛利率的变化趋势

资料来源：笔者计算。

总体来看，通过双重差分法的思想，对比表 3-6 和图 3-6 中 2009~2015 年和 2016~2017 年两段时间的重污染和非重污染上市公司的销售毛利率差异，本章简要判断出 2016 年前后重污染和非重污染上市公司的销售毛利率的变化情况很可能存在系统性差异，即环保督察对上市公司的销售毛利率存在一定的政策效应。

（五）平行趋势的特征事实

满足平行趋势假设是使用双重差分法的基本前提之一。平行趋势假设是指在政策实施之前，处理组和对照组所考察的政策效果变量的变化趋势不存在系统性差异。通过观察上述特征事实的表和趋势图，我们可以粗略地判断出，在政策实施之前的一段时期内重污染和非重污染上市公司的生产率水平、销售毛利率的变化趋势不存在系统性差异。[①] 也就是说，我们粗略判断利用双重差分法对生产率水平和销售毛利率进行环保督察政策评价的平行趋势假设满足。

值得注意的是，本章在这里仅是进行平行趋势检验的粗略判断，图表中只是反映了处理组和对照组的相关年份均值平行趋势情况。事实上，即使图表反映的均值出现平行情况，也不能保证在计量分析中还满足平行趋势。后续在模型适用性分析中，本章将进行更科学严谨的平行趋势检验。

二、环保督察的生产率效应估计结果

基于上述研究设计，表 3-7 报告了环保督察对重污染行业上市公司的生产率效应估计结果。表 3-7 中模型 1~模型 10 分别是未加入和加入前定控制变量的劳动生产率对数、劳动生产率绝对值、劳均利润、TFP_FE、TFP_LP 的环保督察政策效应估计结果。各个模型中有效的上市公司样本观测值均在 9000 个以上[②]，样本数目较多。具体来看，未加入前定控制变量时，仅 TFP_FE 的政策效应在 5%

---

① 虽然相关数据区间为 2009~2017 年，其间处理组和对照组在 2009~2011 年销售毛利率的差异在图 3-6 中并不呈现平行趋势，其不满足平行趋势的原因很可能是重污染和非重污染上市公司受到 2008 年全球金融危机的影响不同。但在考虑 2016 年的环保督察时，我们可以适当考虑距 2016 年较近的年份的平行趋势情况。从图 3-6 中可以看出，2016 年较近年份的处理组和对照组销售毛利率的平行趋势假设是满足的。

② 加入前定控制变量后，观测值数目减少的原因是部分样本在 2015 年不存在观测值，因此无法生成 2015 年的前定控制变量，因而剔除包括前定控制变量的模型估计。劳动生产率对数、TFP_FE、TFP_LP 的观测值略少于劳动生产率绝对值、劳均利润，其原因是一小部分观测值的工业增加值为负，因此劳动生产率对数和使用对数工业增加值计算的 TFP_FE、TFP_LP 不存在。

表3-7 环保督察的生产率效应估计结果

被解释变量	劳动生产率对数		劳动生产率绝对值		劳均利润		TFP_FE		TFP_LP	
解释变量	模型 1	模型 2	模型 3	模型 4	模型 5	模型 6	模型 7	模型 8	模型 9	模型 10
环保督察	0.102***	0.112***	3.212***	3.105***	2.730***	2.283***	0.071**	0.075***	0.081***	0.082***
	(3.38)	(3.65)	(3.57)	(3.23)	(4.30)	(3.47)	(2.52)	(2.65)	(2.87)	(2.88)
前定生产率水平×γ_{year}		控制		控制		控制		控制		控制
前定盈利能力×γ_{year}		控制		控制		控制		控制		控制
前定市场集中度×γ_{year}		控制		控制		控制		控制		控制
前定资本结构×γ_{year}		控制		控制		控制		控制		控制
前定公司规模×γ_{year}		控制		控制		控制		控制		控制
前定产能水平×γ_{year}		控制		控制		控制		控制		控制
前定库存水平×γ_{year}		控制		控制		控制		控制		控制
前定污染水平×γ_{year}		控制		控制		控制		控制		控制
前定研发水平×γ_{year}		控制		控制		控制		控制		控制
个体固定效应	控制	控制	控制	控制	控制	控制	控制	控制	控制	控制
省份—年份联合固定效应	控制	控制	控制	控制	控制	控制	控制	控制	控制	控制
省份—行业联合固定效应	控制	控制	控制	控制	控制	控制	控制	控制	控制	控制
R^2_within	0.002	0.075	0.003	0.080	0.005	0.114	0.001	0.091	0.002	0.089
观测值	10156	9363	10614	9730	10765	9785	10156	9363	10156	9363

注：*、**、***分别表示10%、5%、1%水平上显著，除特别标注外，括号内为公司个体层面的聚类稳健标准误；表中模型控制了个体、省份—年份、省份—行业三种联合固定效应；因篇幅原因，以下各表不再单独报告各个控制变量和三类固定效应模型，将统一报告。

水平上显著为正,其余生产率指标的政策效应均在 1% 水平上显著为正。加入前定控制变量后,无论被解释变量是哪一类生产率指标,环保督察的交叉项系数估计结果均在 1% 水平上显著为正。表 3-7 中的估计结果说明 2016 年环保督察实施前后,重污染与非重污染上市公司的生产率差距有了显著的扩大,环保督察对重污染上市公司的生产率水平存在显著的促进作用。

从表 3-7 估计结果的经济含义看,在控制了一系列固定效应和前定控制变量后,环保督察使重污染与非重污染上市公司的劳动生产率差异增加了 11.2%,绝对值差异增加了 3.105 万/人,劳均利润差异增加了 2.283 万元/人,全要素生产率 TFP_FE 和 TFP_LP 差异分别增加了 0.075 和 0.082。

对比表中未加入与加入前定控制变量的模型估计结果,发现控制各个前定控制变量后,环保督察生产率效应的估计系数大小与显著性水平变化程度较小,可以看出模型中加入前定控制变量并不像加入一般控制变量那样大幅度影响政策交叉项的系数情况。

三、双重差分法的平行趋势检验

(一) 平行趋势检验

双重差分法研究的基本条件之一是同质性假设,平行趋势检验是同质性假设中较为通用的检验。平行趋势检验是通过检验政策实施前处理组和对照组的平行趋势,从而默认推测出政策实施后"反事实处理组"和对照组的事后平行趋势。

在特征事实分析部分,本章已经通过图表粗略地判断平行趋势假设成立,本部分进一步进行正式的平行趋势检验。具体来看,本章在式 (3-1) 基础上把政策相关的虚拟变量替换成年份虚拟变量与政策组别虚拟变量相乘的交叉项 Effect-Year,构建如下平行趋势检验模型:

$$Y_{i,t} = \beta_0 + \sum_{k=2010}^{2017} \theta_k \times EffectYear_{i,i}^k + \sum_j \alpha_j \times PreControl_{j,i} \times \gamma_{year} + \gamma + \varepsilon_{i,t}$$

$$(3-6)$$

式 (3-6) 中,$EffectYear_{i,t}^k$ 为一系列虚拟变量,是年份虚拟变量与政策组别虚拟变量相乘的交叉项,k 的范围是 2010~2017 年。在 k 年时,仅处理组的 $EffectYear_{i,t}^k$ 取值为 1,除此之外 $EffectYear_{i,t}^k$ 取值均为 0。其他模型设定均与式 (3-1) 的模型设定一致。通过观测式 (3-6) 中 k 取值为 2010~2015 年时,

$EffectYear_{i,t}^{k}$ 的估计系数 θ_k 可以获得政策实施前 2010～2015 年处理组和对照组各年生产率的差异情况。如果在 2016 年之前几年估计系数 θ_k 均不显著，说明 2016 年之前重污染和非重污染上市公司的政策效果指标不存在系统性差异，也就说明平行趋势假设成立。

表 3-8 汇报了基于式（3-6）的环保督察平行趋势检验结果。可以看出，当 k 取值为 2010～2015 年时，劳动生产率对数、劳动生产率绝对值、劳均利润、TFP_FE、TFP_LP 的相关年份政策效应估计系数 θ_k 均未出现在 10% 水平及以上显著异于零的情况，说明在环保督察实施之前未观测到重污染和非重污染上市公司的生产率水平变化趋势存在系统性差异，即在环保督察之前重污染和非重污染上市公司存在平行趋势。因此，我们有理由推测环保督察政策实施后"反事实重污染"和非重污染上市公司数据存在平行趋势。

表 3-8　政策实施前重污染和非重污染上市公司生产率水平的平行趋势检验

被解释变量 ＼ 年份	2010	2011	2012	2013	2014	2015
劳动生产率对数	0.013	−0.016	−0.056	−0.030	−0.088	−0.046
	(0.28)	(−0.28)	(−0.93)	(−0.48)	(−1.38)	(−0.72)
劳动生产率绝对值	0.609	1.711	0.795	0.823	−0.594	0.601
	(0.53)	(1.24)	(0.56)	(0.57)	(−0.40)	(0.40)
劳均利润	0.773	1.160	0.788	0.838	−0.123	−0.388
	(1.10)	(1.30)	(0.85)	(0.91)	(−0.13)	(−0.42)
TFP_FE	−0.017	−0.072	−0.065	−0.047	−0.092	−0.080
	(−0.41)	(−1.28)	(−1.19)	(−0.85)	(−1.62)	(−1.44)
TFP_LP	−0.017	−0.062	−0.054	−0.043	−0.093	−0.068
	(−0.40)	(−1.12)	(−0.99)	(−0.77)	(−1.61)	(−1.21)

资料来源：笔者计算。

图 3-7 直观地展示了 2010～2017 年政策效果估计系数 θ_k 的 95% 置信区间情况。如果水平虚线（政策效应＝0）在某年政策效果估计系数的 95% 置信区间内，说明该年重污染和非重污染上市公司的生产率水平变化趋势差异不显著异于零，即重污染和非重污染上市公司生产率水平在当年不存在系统性差异。从图 3-7 上市公司可以直观地看出，在 2016 年以前，重污染和非重污染上市公司的各类生

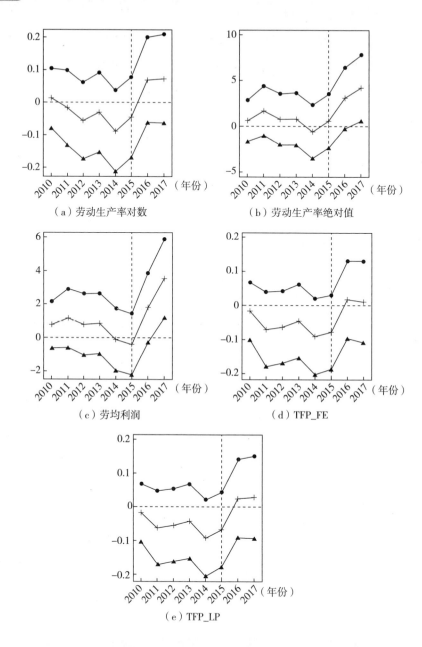

（a）劳动生产率对数　　　　　　　（b）劳动生产率绝对值

（c）劳均利润　　　　　　　　（d）TFP_FE

（e）TFP_LP

图 3-7　重污染和非重污染上市公司生产率水平的平行趋势

注：垂直虚线（年份＝2015 年）及左边部分是环保督察政策实施前的时间段，右边为实施后时段；水平虚线为政策效果＝0；虚线折线为政策效应点估计结果；上下两条黑色实线折线为政策效应的 95% 置信区间。如果上下两条黑色实线折线不包括水平虚线，说明政策效应在 5% 水平上显著异于零，即政策效应显著。后续类似图同。

资料来源：笔者计算。

产率水平的相关年份政策效应估计系数 θ_k 的95%置信区间都包括零点，即未出现在5%水平及以上显著异于零的情况，不存在系统性差异。综合来看，重污染和非重污染上市公司的生产率水平满足平行趋势假设。

（二）平行趋势的外生性讨论

不同于随机实验，本章评估的环保督察政策是"准自然实验"，政策制定很可能不满足外生性假设。政策外生假设是指政策交叉项与随机误差项不相关，如果政策外生假设不满足，也就是说政策效应交叉项是内生解释变量，此时政策效应估计结果是有偏的。因为政策效应交叉项是政策时间虚拟变量和政策分组虚拟变量的乘积，所以政策外生假设可以分为政策分组外生假设和政策时间外生假设。当政策外生不满足时，如政策分组存在选择偏误，政策分组是内生的，那么估计出的政策效应可能是来源于分组，而不是政策的影响，从而威胁本章之前的结论。

环保督察是由政策制定者提出的，其中政策时间和政策分组均由政策制定者确定。[①] 现实中，政府存在使用环境政策来提高重污染上市公司生产率水平的动机，因此环保督察可能是生产率内生出的政策，即环保督察和生产率之间可能存在双向因果关系。

在明确环保督察的政策效果是提高重污染和非重污染上市公司之间的生产率水平差异后，如果政策制定者存在利用环保督察来达到相应政策效果的政策动机，那么政策制定者应当是以政策效果变量作为政策是否实施的依据。也就是说，政策制定之前，重污染和非重污染上市公司的生产率水平差异缩小，会导致政策制定者实施环保督察政策来达到相应的政策效果。而在上文平行趋势检验中，我们并没有发现2015年及以前重污染和非重污染生产率水平变化趋势存在显著性差异，因此从理论分析上，可以排除该动机，即不存在上述的内生性情况。

四、假想政策的政策效果检验

控制前定特征一般是为了处理2016年环保督察实施当年的其他政策混淆问

---

① 其中，政策时间2016年显然是由政策制定者确定，但政策制定者并没有确定政策的处理组对象，即没有进行分组。但环保类政策的提出后，重污染行业肯定要比非重污染行业受的政策影响大，可以理解为环保督察的提出意味着进行了重污染和非重污染的政策分组。

题。那么本章估计得到的环保督察政策效应是否可能是因为 2016 年以前的其他政策导致的呢？上文政策实施前的平行趋势检验已经表明 2016 年之前重污染和非重污染上市公司的生产率水平变化趋势不存在系统性差异，这里暗示了 2016 年环保督察政策实施前没有其他重大政策致使重污染和非重污染上市公司之间存在政策效应。

除平行趋势检验外，本章参照陈刚（2012）、范子英和田彬彬（2014）的检验思想，通过评估假想的政策效应来排除 2016 年以前的政策混淆问题。该检验方法的思路是，如果本章估计得到的 2016 年环保督察的政策效应是由 2016 年之前的其他系统性变量引起的，如之前的其他环境政策等，那么我们可以用类似于环保督察政策效应的估计方法，在 2009~2015 年的样本中，估计到混杂政策的显著政策效应。也就是说，我们通过估计假想政策的政策效应来排除 2016 年之前的其他系统性变量的显著影响。在不确定其他系统性变量在哪一年出现的情况下，我们针对 2010~2015 年时间段，每年都进行一次假想政策的政策效果评价。

具体来看，本章在总样本中剔除环保督察实施后的 2016 年和 2017 年，设定总样本是 2009~2015 年，假定存在混淆的假想政策的实施年份分别是 2010 年、2011 年、2012 年、2013 年、2014 年、2015 年，并以此分别估计假想政策的政策效应。① 如果假想政策存在较显著的政策效应，说明重污染和非重污染上市公司的生产率效应可能来自 2016 年之前的假想政策的影响，而非环保督察。

本章以劳动生产率对数为例，表 3-9 分别报告了以 2010 年、2011 年、2012 年、2013 年、2014 年、2015 年作为假想政策实施年份的假想政策的政策效果估计结果。模型 1 是指在 2009~2015 年的总样本中，重污染上市公司为处理组、非重污染上市公司为对照组，设定假想政策发生于 2010 年，以此检验假想政策的政策效果，其他年份的假想政策模型同理。表中可以发现 2010~2015 年的假想政策都未对劳动生产率对数产生 5% 水平及以上显著的政策效应。除了劳动生产率对数外，假想政策也未对劳动生产率绝对值、劳均利润、TFP_FE、TFP_LP 产生 5% 水平及以上显著的政策效应（估计结果见附录 1）。

---

① 模型估计时，不加入 2015 年的前定控制变量，其他设定与主模型一致。

表 3-9 假想政策的劳动生产率对数政策效果

被解释变量	劳动生产率对数					
解释变量	模型 1	模型 2	模型 3	模型 4	模型 5	模型 6
假想政策 2010 年	-0.036 (-0.81)					
假想政策 2011 年		-0.040 (-1.02)				
假想政策 2012 年			-0.025 (-0.69)			
假想政策 2013 年				-0.013 (-0.40)		
假想政策 2014 年					-0.009 (-0.31)	
假想政策 2015 年						0.041 (1.22)
固定效应	控制	控制	控制	控制	控制	控制
R^2_within	0.000	0.000	0.000	0.000	0.000	0.000
观测值	7329	7329	7329	7329	7329	7329

资料来源：笔者计算。

第四节 影响机制分析

根据前文的理论假说，短期来看，环保督察可能是通过提高重污染上市公司的市场集中度，从而产生生产率效应。为此，本章以销售毛利率作为市场集中度的代理变量，在原模型中引入销售毛利率作为中介变量，以此检验是否存在"环保督察—市场集中度—生产率"传导机制。[①] 本章借鉴 Baron 和 Kenny（1986）、

[①] 当然，我们也可以从很多角度去分析生产率效应的影响机制，如 ROE、ROA、产能利用率等途径。本章选择市场集中度的原因是想从企业外部因素来分析生产率效应的影响机制，而不是从企业内部效应进行影响因素分析。

温忠麟和叶宝娟（2014）的三步检验法来进行影响机制分析。

具体实证检验步骤由以下三步构成：第一步，将环保督察交叉项与上市公司生产率水平进行回归，检验交叉项系数是否显著，若显著说明环保督察促进了生产率水平；第二步，将环保督察交叉项与上市公司销售毛利率进行回归，检验交叉项系数是否显著，若显著说明环保督察提高了销售毛利率，即环保督察使市场变得更集中；第三步，同时把环保督察交叉项和上市公司销售毛利率作为解释变量，与上市公司生产率水平进行回归，检验环保督察交叉项的系数是否减小、显著性水平是否变低，若出现上述情况说明环保督察是通过提高上市公司市场集中度的途径来促进生产率水平，即"环保督察—市场集中度—生产率"传导机制存在。参照中介效应的三步检验法，本章构建如下中介效应检验模型：

$$Y_{i,\,t} = \beta_0 + \beta_1 Effect_{i,\,t} + \sum_j \alpha_j \times PreControl_{j,\,i} \times \gamma_{year} + \gamma + \varepsilon \qquad (3-7)$$

$$MC_{i,\,t} = \beta_{02} + \beta_{12} Effect_{i,\,t} + \sum_j \alpha_j \times PreControl_{j,\,i} \times \gamma_{year} + \gamma + \varepsilon \qquad (3-8)$$

$$Y_{i,\,t} = \beta_{03} + \beta_{13} Effect_{i,\,t} + \beta_{23} MC_{i,\,t} + \sum_j \alpha_j \times PreControl_{j,\,i} \times \gamma_{year} + \gamma + \varepsilon$$

$$(3-9)$$

以上三个模型中，$MC_{i,t}$ 代表上市公司的市场集中度，用销售毛利率来衡量。除式（3-8）和式（3-9）考虑销售毛利率外，模型中的前定控制变量、固定效应、聚类稳健标准误等其他模型设定均与上文模型一致。式（3-7）估计了环保督察对上市公司生产率水平的总效应，β_1 显著大于 0 则表示环保督察促进了生产率水平；式（3-8）估计了环保督察对上市公司销售毛利率的影响，β_{12} 显著大于 0 则表示环保督察提高了市场集中度；式（3-9）估计了控制销售毛利率后，环保督察对上市公司生产率水平的直接效应，若 β_{13} 的显著性水平和系数均不及 β_1 则说明控制销售毛利率后的直接效应弱于总效应，减弱的部分就是环保督察通过销售毛利率影响上市公司生产率水平的间接效应。

式（3-7）与上文主要模型式（3-1）相同，估计结果由表 3-7 可得，表 3-10 报告了式（3-8）和式（3-9）的估计结果。第一步，由表 3-7 估计结果可知 β_1 显著大于 0，表明环保督察促进了生产率水平。第二步，由表 3-10 模型 1 可知，环保督察显著地提高了重污染与非重污染上市公司的市场集中度差异，销售毛利率的政策效应是 1.988 个百分点且在 1% 水平上显著。由表 3-10 中模型 2~6 可知，在环保督察的五类生产率效应模型中纳入市场集中度后，环保督察交叉项仅只在10%水平上显著或出现不显著的情况，而中介变量市场集中度在1%水平上显著为正。

表3-10　环保督察的影响机制分析

被解释变量	销售毛利率	劳动生产率对数	劳动生产率绝对值	劳均利润	TFP_FE	TFP_LP
解释变量	模型1	模型2	模型3	模型4	模型5	模型6
环保督察	1.988***	0.048*	1.546*	1.015*	0.013	0.018
	(4.47)	(1.73)	(1.79)	(1.77)	(0.49)	(0.70)
销售毛利率		0.033***	0.797***	0.638***	0.033***	0.033***
		(19.76)	(16.65)	(21.16)	(19.41)	(21.02)
前定控制变量	控制	控制	控制	控制	控制	控制
固定效应	控制	控制	控制	控制	控制	控制
R^2_within	0.094	0.214	0.198	0.275	0.247	0.251
观测值	9789	9363	9730	9785	9363	9363

资料来源：笔者计算。

表3-11汇报了控制销售毛利率后的间接效应系数和总效应系数的对比情况。可以看出不论哪种生产率水平，剔除中介效应后的间接效应系数均小于总效应系数大小，显著性水平均远低于总效应。参考中介效应检验方法，通过两种情况对比可以看出传导机制"环保督察—市场集中度—生产率"确实存在，而且TFP_FE和TFP_LP的间接效应系数已经弱到不显著，即对于TFP_FE和TFP_LP，销售毛利率存在完全中介效应，也就是说，控制了销售毛利率后，环保督察对TFP_FE和TFP_LP不存在显著影响。从销售毛利率的中介效应占总效应比例看，对于劳动生产率对数、劳动生产率绝对值、劳均利润，中介效应占比在50%左右，即总政策效应的一半多是通过销售毛利率来传导的。对于TFP_FE和TFP_LP，总政策效应的绝大部分是通过销售毛利率来传导的。综合来看，"环保督察—提高市场集中度（提高销售毛利率）—提高生产率水平"传导机制是明显存在的。

表 3-11　间接效应系数和总效应系数的对比

被解释变量	劳动生产率对数	劳动生产率绝对值	劳均利润	TFP_FE	TFP_LP
控制销售毛利率 间接效应	0.048*	1.546*	1.015*	0.013	0.018
	(1.73)	(1.79)	(1.77)	(0.49)	(0.70)
总效应	0.112***	3.105***	2.283***	0.075***	0.082***
	(3.65)	(3.23)	(3.47)	(2.65)	(2.88)
Sobel 检验	β_{12}、β_{23} 显著，无须 Sobel 检验				
中介效应显著性	显著	显著	显著	显著	显著
中介效应类型	部分	部分	部分	完全	完全
中介效应大小	0.066	1.584	1.268	0.066	0.066
中介效应/总效应[①]（%）	57.75	50.61	55.55	83.46	78.47

资料来源：笔者计算。

本章小结

　　本章主要识别了环保督察的生产率效应。为了识别环保督察的生产率效应，本章首先基于上市公司数据，设计了以重污染行业上市公司作为处理组，以非重污染上市公司作为对照组的研究框架，构建双重差分法政策识别模型，并对模型各个方面进行了详尽的说明。其次，本章对总样本、重污染、非重污染上市公司的劳动生产率对数、劳动生产率绝对值、劳均利润、FE 方法全要素生产率、LP 方法全要素生产率、销售毛利率的平均值进行了特征事实分析。通过分析相应的特征事实情况，我们对 2009~2017 年我国上市公司总样本、重污染和非重污染上市公司的生产率水平等情况有了大致的了解。再次，本章对 2016 年起实施的环保督察进行生产率效应评估，尝试识别了 2016 年起实施的环保督察对我国高

---

　　① 中介效应/总效应 $=\beta_{12}\beta_{23}/(\beta_{12}\beta_{23}+\beta_{13})$，其中 $\beta_{12}\beta_{23}$ 表示环保督察通过销售毛利率影响生产率水平的间接效应，即"环保督察—销售毛利率—生产率"中介效应，β_{13} 表示控制销售毛利率后的政策效应，即"环保督察—非销售毛利率—生产率"政策效应，两者相加得到总效应，然后可以计算出销售毛利率的中介效应占总效应比。

污染行业转向高质量发展的促进作用，并进行了模型适用性分析。最后，本章进行了影响机制分析。本章以销售毛利率作为市场集中度的代理变量，检验了是否存在"环保督察—提高市场集中度—提高生产率"传导机制。本章主要得到以下结论：

第一，环保督察对重污染上市公司的生产率水平存在显著的促进作用。从生产率效应来看，在控制了一系列固定效应和前定控制变量后，环保督察使重污染与非重污染上市公司的劳动生产率差异增加了 11.2%，劳动生产率绝对值差异增加了 3.105 万元/人，劳均利润差异增加了 2.283 万元/人，全要素生产率 TFP_FE 和 TFP_LP 差异分别增加了 0.075 和 0.082。

第二，"环保督察—提高市场集中度（提高销售毛利率）—提高生产率水平"传导机制是明显存在的。其中，对于劳动生产率对数、劳动生产率绝对值、劳均利润，环保督察 50% 以上的总政策效应是通过销售毛利率来传导的。对于全要素生产率，环保督察绝大部分的总政策效应是通过销售毛利率来传导的。

第四章　环保督察政策效果的
　　　　稳健性分析

为了得到更可靠的环保督察生产率效应估计结果，大量的稳健性检验是必不可少的。本书在第三章分别以劳动生产率对数、劳动生产率绝对值、劳均利润、FE 方法全要素生产率、LP 方法全要素生产率五个指标作为被解释变量进行了政策效应评价，这种做法可以认为是替换被解释变量的稳健性检验方法。同时，第三章还进行了平行趋势检验和假想政策的政策效果检验，但这些稳健性检验是不够的，仍有很多问题影响本书结论的成立。本章将从更多的方面对稳健性进行分析，以此来确保第三章中估计得到的环保督察政策效应是稳健的。

第一节　同质性分析

双重差分法研究的基本条件之一是同质性假设。同质性假设意味着在政策实施后，若不存在政策干预，处理组和对照组的政策效果指标的变化趋势没有系统性差异，即政策实施后"反事实处理组"和对照组的变化趋势是一致的。然而，政策实施后"反事实处理组"的变化趋势并不可测，这导致我们无法直接检验"反事实处理组"和对照组的变化趋势是否一致。因此，本章将通过几个常用的方法从侧面来对同质性问题进行探讨。

一个较为可信且通用的方法是通过检验政策实施前处理组和对照组的平行趋

势，从而默认推测出政策实施后"反事实处理组"和对照组的事后平行趋势。① 但是严格来说，不论事前平行趋势是否成立，我们均无法完全准确地推断出"反事实处理组"和对照组的事后平行趋势情况。

本书第三章检验发现重污染和非重污染行业上市公司的生产率水平满足平行趋势假设。但即使满足平行趋势假设，也不能完全保证在环保督察实施后"反事实重污染"和非重污染上市公司的生产率水平变化趋势没有系统性差异。因此，本部分将从另一个侧面进行重污染和非重污染上市公司的同质性分析。

一、同质行业子样本

(一) 同质行业子样本构造

环保督察实施后"反事实重污染"和非重污染上市公司的生产率水平变化趋势不一致的一个可能原因是，重污染和非重污染上市公司所属行业异质性过大。为了缓解行业异质性问题，本章基于同质行业子样本对环保督察政策效果评估进行稳健性检验。

在把重污染行业与申万一级、二级行业对应时，我们发现官方公布属于制造业的8个重污染行业中有5个行业是整个申万一级行业，其余3个行业不是完整的申万一级行业，这3个行业对应的是申万二级行业。这3个存在重污染二级行业的申万一级行业为我们提供了一个天然的同质行业子样本，具体行业情况如表4-1所示。

表4-1　存在非重污染行业的申万一级行业情况

一级行业	医疗生物				轻工制造				纺织制造	
二级行业	化学制药	中药	生物制药	医疗器械	造纸	包装印刷	家用轻工	其他轻工制造	纺织制造	服装家纺
是否为重污染行业	是			否	是	否			是	否

资料来源：笔者整理。

---

① 事后平行趋势是不可测的，学者们一般尝试检验事前平行趋势，同时普遍把事前平行趋势检验称为平行趋势检验，本书在下文中也将事前平行趋势检验简称为平行趋势检验。

由表4-1可知,这3个一级行业内既存在重污染二级行业,也存在非重污染二级行业。在这3个一级行业子样本中,我们可以认为重污染二级行业与非重污染二级行业的行业同质性较强,因此由于行业异质性导致的事后平行趋势不满足的可能性较低。为此,本章以表4-1中5个重污染二级行业的上市公司作为处理组,以表4-1中5个非重污染二级行业的上市公司作为对照组,进行环保督察的生产率效应估计。

(二)同质行业子样本内的特征事实

在进行回归分析之前,我们先在新样本内对重污染和非重污染上市公司的生产率水平进行特征事实分析。图4-1呈现了子样本内的重污染和非重污染上市公司2009~2017年劳动生产率对数、劳动生产率绝对值、劳均利润、TFP_FE、TFP_LP的特征事实情况。可以发现,在子样本中,环保督察实施之前重污染上市公司的生产率水平几乎都低于非重污染上市公司。而2016年环保督察实施后,重污染的各类生产率水平大幅度提高,在2017年所有种类生产率水平都超过了非重污染上市公司。通过特征事实分析,我们可以简要判断在同质行业子样本中,环保督察存在显著的生产率效应。

从政策实施前的变化趋势来看,2009~2015年重污染和非重污染上市公司生产率水平的变化趋势总体上没有系统性差异,因此我们粗略判断在同质行业子样本中利用双重差分法进行环保督察政策评价的平行趋势假设满足。

(三)同质行业子样本内的估计结果

本章在同质行业子样本内进行环保督察的生产率效应估计,以此作为政策效果的稳健性检验,具体计量模型设定与全样本政策效果估计模型[式(3-1)]基本一致。① 在同质行业子样本内使用双重差分法进行政策效果估计之前,首先要进行平行趋势检验。从平行趋势检验图(见图4-2;具体估计结果见附录2)可知,在政策实施之前的2010~2015年,重污染和非重污染上市公司的各类生产率水平的政策效应估计系数95%置信区间都包括零点,即未出现在5%水平及以上显著异于零的情况。因此,我们认为在同质行业子样本内的重污染和非重污染上市公司各类生产率水平满足平行趋势假设。

---

① 全样本估计模型中控制了个体固定效应和多个联合固定效应,但考虑到同质行业子样本中的样本观测值相对较少,为了保证自由度,在同质行业子样本中的政策效应估计时,本章仅控制了个体和年份固定效应,未对联合固定效应进行控制。

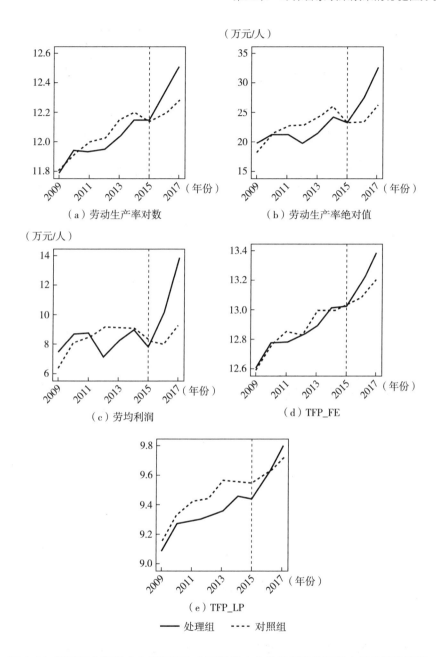

（a）劳动生产率对数　　　　　　　（b）劳动生产率绝对值

（c）劳均利润　　　　　　　　　　（d）TFP_FE

（e）TFP_LP

——— 处理组　　　- - - 对照组

图4-1　同质行业子样本内重污染和非重污染上市公司各类生产率水平的变化趋势

资料来源：笔者计算。

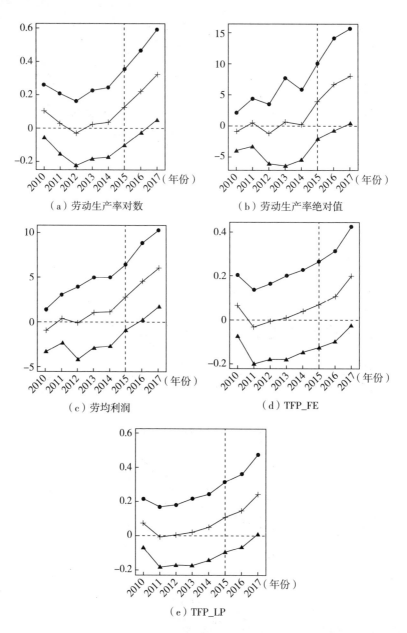

图4-2 同质行业子样本内重污染和非重污染上市公司生产率水平的平行趋势

资料来源：笔者计算。

表4-2汇报了同质行业子样本内的环保督察政策效果估计结果。可以看出，控制前定控制变量、个体固定效应和时间固定效应后，同质行业子样本内环保督

察的交叉项系数均在5%水平及以上显著，说明缓解行业异质性问题后，环保督察的生产率效应依然是稳健的。

表4-2 同质行业子样本内的环保督察政策效果估计结果

被解释变量	劳动生产率对数	劳动生产率绝对值	劳均利润	TFP_FE	TFP_LP
环保督察	0.225***	6.532***	4.323***	0.128**	0.151***
	(3.29)	(2.65)	(3.59)	(2.29)	(2.63)
前定控制变量	控制	控制	控制	控制	控制
固定效应	控制	控制	控制	控制	控制
R^2_within	0.162	0.140	0.171	0.158	0.171
观测值	1897	1948	1953	1897	1897

资料来源：笔者计算。

二、同质公司子样本

公司特征差异较大也是"反事实重污染"和非重污染上市公司不满足事后平行趋势的一个可能原因之一。为了缓解公司特征异质性问题从而排除这个可能性，本章需要使重污染和非重污染的上市公司在各个方面特征上尽量相似。为此，本章利用 Heckman（1976）、Rosenbaum 和 Rubin（1983）提出并发展的倾向得分匹配法（PSM）来处理样本选择偏差，从而使重污染和非重污染的样本更加具有同质性。同时，为了剔除不随时间变化的不可观察变量的影响，本章采用 Heckman 等（1997）、Heckman 等（1998）提出的倾向得分匹配双重差分法（PSM-DID）进行环保督察的政策效果估计。简要来看，就是在 PSM 匹配出的同质公司子样本的基础上进行双重差分估计，以此进行环保督察政策效果的稳健性检验。

（一）同质公司子样本构建

具体来看，本章按照以下步骤进行环保督察政策效果的 PSM-DID 估计：第一步，利用 Logit 模型估计基期的重污染和非重污染上市公司的倾向得分，估计所使用的协变量选取劳动生产率绝对值、总资产净利率、销售毛利率、资产负债率、总资产对数、固定资产周转率、存货周转率、污染通报次数、研发投入占比九个变量在 2014 年和 2015 年的均值;[①] 第二步,利用 PSM 中一对一卡尺匹配对 2015 年重污染和非重污染上市公司的倾向得分进行匹配;第三步,在 2009~2017 年面板数据中只保留 2015 年匹配成功的重污染和非重污染上市公司,并以此作为匹配后的同质公司子样本面板数据进行后续分析;第四步,利用上文的双重差分模型对同质公司子样本进行环保督察的政策效应估计。

在使用 Logit 估计得到倾向得分后,需要选择一种匹配方法来将原样本进行重新抽样得到新样本。基于倾向得分重新抽样的新样本意味着新样本内重污染和非重污染上市公司受到政策影响的可能性是大致对应。本章采用在卡尺范围内的近邻匹配方法对倾向得分进行匹配。具体设定上,Rosenbaum 和 Rubin (1985) 推荐卡尺大小应该小于以原样本估计出的倾向得分的标准差的 1/4,因此本章模型的卡尺大小选择为 0.05[②],在卡尺范围 0.05 内我们选择一对一无放回的近邻匹配。

本章采用的卡尺范围为 0.05 的一对一无放回匹配的简要操作如下:我们对 2015 年的每个重污染样本,在其倾向得分的 ±0.05 范围内寻找与其倾向得分最接近的 2015 年的非重污染样本,匹配成功后的非重污染样本不再参与匹配。匹配后,我们相当于对 2015 年的原样本进行了重新抽样,新样本的每个重污染样本均有一个非重污染样本与其接受环保督察影响的概率相近。然后我们使用 2009~2017 年的面板数据补全 2015 年新样本的截面数据,留下所有 2015 年匹配成功的样本,剔除 2015 年匹配失败的样本。最终我们使用双重差分法对 PSM 得到的同质公司子样本进行环保督察的生产率效应评估。

(二) 新样本的平衡性分析

在 1995 年,临床医学、统计学、流行病学和生物医学等领域的众多学者制定了"临床试验报告统一标准声明",简称"CONSORT 声明" (Begg et al., 1996)。CONSORT 声明得到了众多医学杂志、医学组织的认可 (Altman, 1996; Freemantle, 1997; Schulz, 1997)。其中 CONSORT 声明对"随机对照试验"

---

① 本章在这里选择 2014 年和 2015 年的均值作为协变量主要存在 2 个原因:一是如果以 2015 年的变量值作为协变量进行倾向得分估计并匹配,可能会导致 2015 年之前的平行趋势不满足;二是如果把 2014 年和 2015 年的变量值都作为协变量,那么因为协变量某个值缺失而导致的样本缺失量太大。因此,本章这里采用 2014 年和 2015 年的变量均值作为协变量,其中如果 2014 年或 2015 年某年数据缺失,则仅用另一年的变量值作为两年均值。

② 本章样本的倾向得分的标准差为 0.21,卡尺小于 0.052 即可。

（RCT）进行了规范，一个必要步骤就是基线资料（Baseline Data），即对不同分组的基线特征进行汇报。同样地，PSM 也需要考察匹配前后的处理组和对照组的协变量特征情况（Austin，2009）。

在使用 PSM 匹配后，进行双重差分估计政策效应之前，可以通过对比重污染和非重污染上市公司协变量的各方面特征情况，来判断 PSM 是否较好地平衡了重污染和非重污染上市公司。本章将从两个角度进行匹配后的平衡性分析，分别是倾向得分的平衡性分析和公司特征的平衡性分析，主要选取了 Austin（2009）提出的几种平衡性分析方法。

1. 倾向得分的平衡性分析

根据倾向得分匹配方法，匹配后重污染和非重污染新样本在倾向得分存在一对一关系，相对于匹配前样本，重污染和非重污染新样本的倾向得分理论上存在较好的平衡性。本章将通过若干对比图和表来直观地呈现匹配前后的平衡性情况。

图 4-3 为匹配前重污染和非重污染上市公司倾向得分箱形图和匹配后的箱形图。从最大值和最小值可以看出，剔除异常值后，匹配前非重污染上市公司的倾向得分最大值比重污染上市公司最大值低 0.2 左右，差异较大。从上四分位数、中位数、下四分位数可以看出，非重污染上市公司倾向得分的三类分位数均比重污染上市公司倾向得分低 0.2~0.3，差异较大。匹配后新样本的重污染倾向得分最大值已经接近非重污染最大值，匹配后新样本的重污染和非重污染的上四分位数、中位数、下四分位数已经十分接近。因此，从图 4-3 可以看出，原样本倾向得分的平衡性较差，本章使用一对一卡尺匹配构建的新样本的平衡性较好。

为了观察匹配前后重污染上市公司和非重污染上市公司倾向得分的分位数差异情况，本章绘制了相应的分位数—分位数图（见图 4-4a 和图 4-4b）。可以发现，匹配前重污染和非重污染上市公司倾向得分的各个分位数差异较大，说明匹配前两组的分布形状差异较大。而匹配后的分位数—分位数图几乎呈现出趋近于落在 $y=x$ 上的情况，说明匹配后重污染和非重污染上市公司的倾向得分的分布情况近似。

图 4-4c 和图 4-4d 汇报了匹配前后重污染和非重污染上市公司倾向得分的核密度曲线图。可以看出，匹配前重污染和非重污染上市公司倾向得分的核密度曲线重合度低，说明其分布情况差异较大，而匹配后重污染和非重污染上市公司的核密度曲线较接近，说明其分布情况较接近。

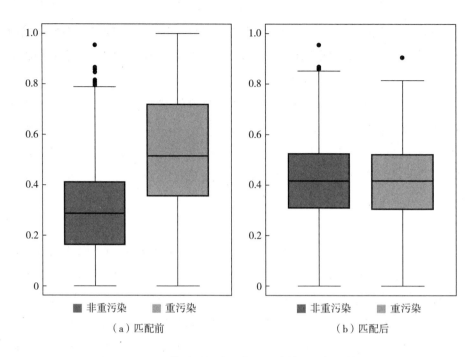

图4-3 匹配前后重污染和非重污染的倾向得分箱形图

资料来源：笔者计算。

2. 公司特征的平衡性分析

理论上，倾向得分匹配方法只是将倾向得分相近的重污染和非重污染中的样本进行匹配，估计出倾向得分后的匹配步骤中并不涉及任何协变量。也就是说，存在这样一种可能性：重污染和非重污染上市公司的倾向得分已经完成匹配对应，但两组中上市公司的各个协变量特征并没有相对平衡。而本章使用 PSM 的初衷就在于构建同质公司子样本，我们不满足于只得到受处理概率（倾向得分）同质的子样本，更希望能对重污染和非重污染上市公司的各个特征进行一定程度的平衡处理。因此，为了观测匹配前后重污染和非重污染上市公司各方面特征的平衡性情况，考察 PSM 是否较好地平衡了重污染和非重污染上市公司的协变量，本章对匹配前后的协变量均值、方差、分布情况等进行了平衡性分析。

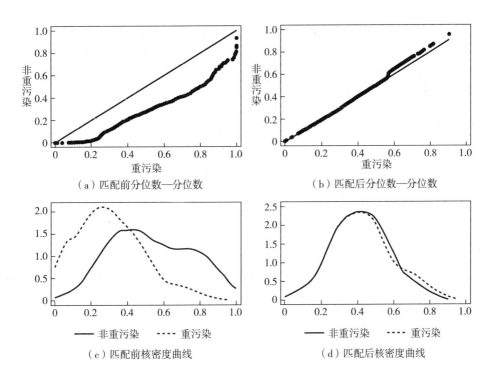

（a）匹配前分位数—分位数　　　　　（b）匹配后分位数—分位数

—— 非重污染　　···· 重污染　　　　　　—— 非重污染　　···· 重污染

（c）匹配前核密度曲线　　　　　　　（d）匹配后核密度曲线

图 4-4　匹配前后重污染和非重污染上市公司倾向得分的

分位数—分位数和核密度曲线

资料来源：笔者计算。

（1）均值的平衡性分析。表 4-3 和图 4-5 汇报了匹配前后重污染和非重污染上市公司的协变量平衡情况和标准化偏差。表 4-3 中涉及的标准化偏差（%）来自 Flury 和 Riedwyl（1986）[①] 的研究，最早由 Rosenbaum 和 Rubin（1985）用来对比匹配后处理组和对照组的均值差异情况。标准化偏差通过除以标准差的方式，将处理组和对照组的均值差值标准化，因此其不受样本数量的影响。

以劳动生产率为例，从表 4-3 可知，匹配前非重污染和重污染上市公司的劳动生产率均值分别为 23.568 万元/人和 21.064 万元/人，其标准化偏差是 13.5%，匹配后劳动生产率均值分别为 21.583 万元/人和 21.674 万元/人，其标

---

① 标准化偏差的计算公式为 $d = (\bar{x}_{处理组} - \bar{x}_{对照组}) / \sqrt{(s^2_{处理组} - s^2_{对照组})/2}$。

准化偏差是−0.5%，匹配前后标准化偏差的绝对值从13.5%降低到0.5%，缩减了96.3%，说明匹配后重污染和非重污染上市公司的劳动生产率均值差异与匹配前相比缩减了96.3%，即匹配大幅度平衡了重污染和非重污染上市公司的劳动生产率均值差异。类似地，从表4-3可知，仅资本负债率这个协变量的标准化偏差是小幅度扩大的[①]，大部分协变量的标准化偏差都得到了大幅度缩减。特别对于劳动生产率绝对值、存货周转率、污染通报次数、研发投入占比，这些协变量的标准化偏差绝对值在匹配后达到了匹配前的10%以内。从均值标准化偏差角度综合来看，倾向得分匹配使重污染和非重污染上市公司协变量的均值更加平衡。

表4-3中第8列和第9列还汇报了匹配前后重污染和非重污染上市公司的均值差异T检验结果。通过表中的P值可以发现，重污染和非重污染上市公司的劳动生产率、销售毛利率、总资产对数、固定资产周转率、存货周转率、污染通报次数、研发投入占比这些协变量的均值在匹配前都在5%水平及以上显著，说明这些变量均值在匹配前较不平衡。在匹配后，重污染和非重污染上市公司的所有协变量均值均拒绝了假设。也就是说，从均值差异T检验角度综合来看，倾向得分匹配使重污染和非重污染上市公司协变量的均值更加平衡。

表4-3 匹配前后重污染和非重污染上市公司的协变量平衡情况

协变量	匹配前后	均值		标准化偏差（%）	标准化偏差缩减（%）	均值差异T检验		方差比率
		非重污染	重污染			t值	P值	
劳动生产率（万元/人）	匹配前	23.568	21.064	13.5	96.3	2.53	0.012	1.35
	匹配后	21.583	21.674	−0.5		−0.07	0.943	0.97
总资产净利率（%）	匹配前	3.933	3.607	5.9	88.1	1.10	0.271	1.42
	匹配后	3.876	3.916	−0.7		−0.10	0.919	1.28
销售毛利率（%）	匹配前	28.484	26.217	13.5	48.1	2.59	0.010	2.12
	匹配后	25.779	26.944	−7.0		−1.05	0.296	1.64

---

① 虽然资本负债率的标准化偏差扩大比例很高，但是这是在很低的标准化偏差基础上得出的扩大比例。从表4-3中可以看出，匹配前的标准化偏差仅为0.7%，以这个基数来看，匹配后的4.1%会使偏差出现极大的扩大。但从绝对值来看，匹配前非重污染和重污染上市公司的资本负债率分别为40.620%、40.487%，匹配后分别是40.057%、39.245%，虽然有所扩大，但是扩大的绝对值很小。而且，在均值差异T检验结果中，重污染和非重污染上市公司的资本负债率在匹配后也没有出现显著差异。图4-5更加直观地说明了这一点。

协变量	匹配前后	均值		标准化偏差（%）	标准化偏差缩减（%）	均值差异 T 检验		方差比率
		非重污染	重污染			t 值	P 值	
资本负债率（%）	匹配前	40.620	40.487	0.7	−485.7	0.12	0.901	1.20
	匹配后	40.057	39.245	4.1		0.58	0.564	1.18
总资产对数	匹配前	21.974	21.843	12.0	39.2	2.20	0.028	0.96
	匹配后	21.853	21.772	7.3		1.07	0.285	0.81
固定资产周转率（%）	匹配前	2.926	4.432	−36.0	89.4	−6.34	0.000	0.40
	匹配后	3.255	3.414	−3.8		−0.65	0.516	1.30
存货周转率（%）	匹配前	4.893	3.929	26.6	92.9	5.02	0.000	1.61
	匹配后	4.314	4.247	1.9		0.28	0.781	0.85
污染通报次数（次）	匹配前	1.081 次	0.294 次	39.9	99.2	8.02	0.000	7.78
	匹配后	0.463 次	0.469 次	−0.3		−0.08	0.936	0.51
研发投入占比（%）	匹配前	0.028	0.051	−45.1	96.9	−7.72	0.000	0.14
	匹配后	0.033	0.032	1.4		0.39	0.697	1.58

资料来源：笔者计算。

图 4-5 更加直观地展示了重污染和非重污染上市公司协变量的标准化偏差在匹配前后的变化情况。在匹配前，重污染和非重污染上市公司部分协变量的标准化偏差绝对值一度超过 40%，均值不平衡度极大。通过倾向得分匹配后，各个协变量的标准化偏差绝对值大幅度下降，基本在 10% 以内，协变量均值得到大幅度平衡。其中匹配后的资本负债率标准化偏差出现小幅度提高，因为基数较小，表4-3 中标准化偏差缩减情况夸大了该严重性，而从图 4-5 中可以看出其匹配后的资本负债率标准化偏差系数也在 5% 以内。综合来看，图 4-5 也印证了上述观点，倾向得分匹配使重污染和非重污染上市公司协变量的均值更加平衡。

（2）方差的平衡性分析。除均值差异外，处理组和对照组的协变量的高阶矩差异情况也值得关注，如二阶中心距（方差）差异。Austin（2009）推荐通过比较匹配前后处理组与对照组的方差比率来进一步进行平衡性分析。其中，方差比率越接近 1，说明处理组和对照组的方差差异越小。

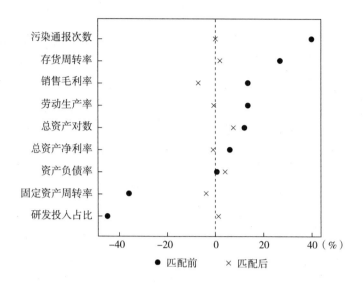

图4-5 匹配前后各协变量的标准化偏差

资料来源：笔者计算。

以劳动生产率为例，从表4-3可知，匹配前重污染和非重污染上市公司的劳动生产率方差比率是1.35，说明重污染上市公司的方差比非重污染高35%，而匹配后重污染和非重污染上市公司的劳动生产率方差比率是0.97，说明重污染上市公司的方差比非重污染低3%，由此通过对比匹配前后的方差比率，可以得出倾向得分匹配大幅度平衡了重污染和非重污染上市公司协变量劳动生产率的方差。类似地，从表4-3可知，仅总资产对数协变量的方差比率存在小幅度异于1，大部分协变量的方差比率在匹配后更加接近1，特别从固定资产周转率、污染通报次数、研发投入占比可以看出，匹配前这几个协变量的方差差异较大，匹配后方差比率都更加接近1。综合来看，倾向得分匹配使重污染和非重污染上市公司协变量的方差更加平衡。

（3）分布的平衡性分析。除了均值和方差外，重污染和非重污染行业上市公司的协变量分布情况也值得关注。图4-6汇报了采用一对一无放回卡尺匹配方法匹配后的新样本与匹配前原样本的协变量分布情况。虽然PSM匹配标的是倾向得分，并不直接匹配协变量，但从图4-6可知，一对一无放回卡尺匹配后，重污染和非重污染上市公司的各类特征分布情况更加接近。综合来看，倾向得分匹配使重污染和非重污染上市公司协变量的分布情况更加平衡。

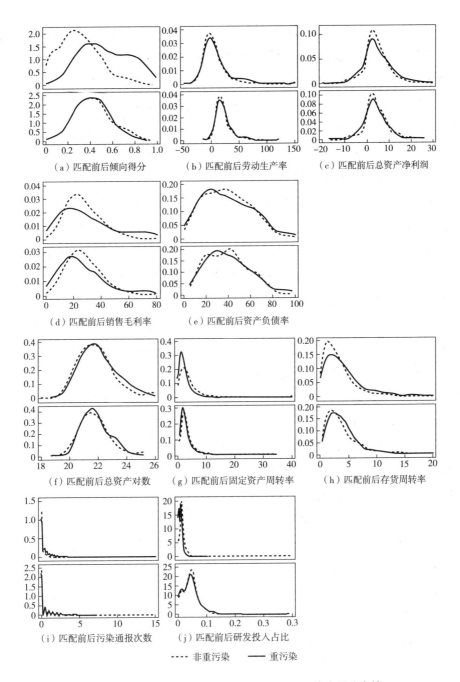

（a）匹配前后倾向得分　　（b）匹配前后劳动生产率　　（c）匹配前后总资产净利润

（d）匹配前后销售毛利率　　（e）匹配前后资产负债率

（f）匹配前后总资产对数　　（g）匹配前后固定资产周转率　　（h）匹配前后存货周转率

（i）匹配前后污染通报次数　　（j）匹配前后研发投入占比

------- 非重污染　　—— 重污染

图 4-6　匹配前后的非重污染和重污染上市公司协变量分布情况

注：每组图的上图为匹配前分布情况，下图为匹配后分布情况。

资料来源：笔者计算。

总体看来，通过对重污染和非重污染上市公司进行一对一无放回卡尺匹配后，我们构建了一个新样本。在新样本中，重污染和非重污染行业上市公司的倾向得分（受政策处理概率）的均值、方差、分布情况得到了很充分的平衡，重污染和非重污染上市公司的协变量（公司特征）的均值、方差、分布情况也得到了较好的平衡。可以认为，基于一对一无放回卡尺匹配方法的 PSM 确实为我们构建了一个同质公司子样本。

（三）新样本内的特征事实

在进行回归分析之前，我们先在新样本内对重污染和非重污染上市公司的生产率水平进行特征事实分析。图 4-7 呈现了同质公司子样本 2009~2017 年劳动生产率对数、劳动生产率绝对值、劳均利润、TFP_FE、TFP_LP 的特征事实情况。可以发现，在新样本中，环保督察实施之前重污染上市公司的单要素生产率均高于非重污染上市公司，全要素生产率均低于非重污染上市公司。2016 年环保督察实施后，重污染上市公司的各类生产率水平均大幅度提高，其中劳动生产率对数、劳动生产率绝对值的差值小幅度扩大，劳均利润的差值大幅度扩大，重污染上市公司的 TFP_FE 一度超过非重污染上市公司，TFP_LP 接近非重污染上市公司。通过特征事实分析，我们可以简要判断在同质公司子样本中，环保督察存在显著的生产率效应。

从政策实施前的变化趋势来看，2009~2015 年重污染和非重污染上市公司生产率水平的变化趋势总体上没有系统性差异，因此我们粗略判断在同质公司子样本中利用双重差分法进行环保督察政策评价的平行趋势假设满足。

（四）新样本的 PSM-DID 估计结果

在 PSM 有效地平衡了重污染和非重污染上市公司的受处理概率（倾向得分）和公司特征（协变量）后，我们获得了一个新的同质公司子样本。在新样本的基础上，本章使用双重差分（DID）估计环保督察的政策效应，其中除样本差异外双重差分法的具体模型设定与第三章［式（3-1）］均一致。在同质公司子样本内使用 DID 进行政策效果估计之前，首先要进行平行趋势检验。从平行趋势检验图（见图 4-8，具体估计结果见附录 3）可知，同质公司子样本内的重污染和非重污染上市公司各类生产率水平满足平行趋势假设。

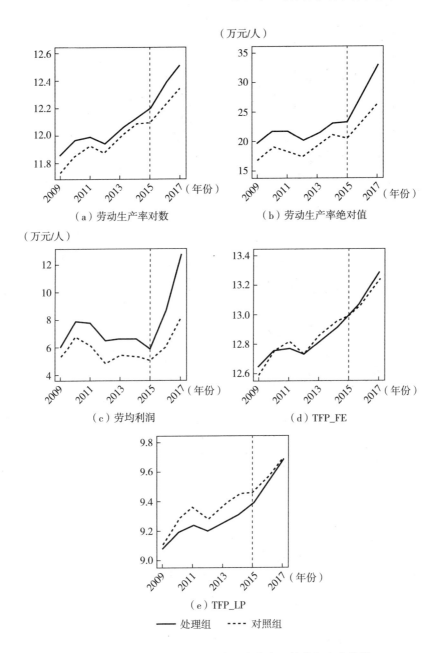

图 4-7　同质公司子样本的各类生产率水平的特征事实分析

资料来源：笔者计算。

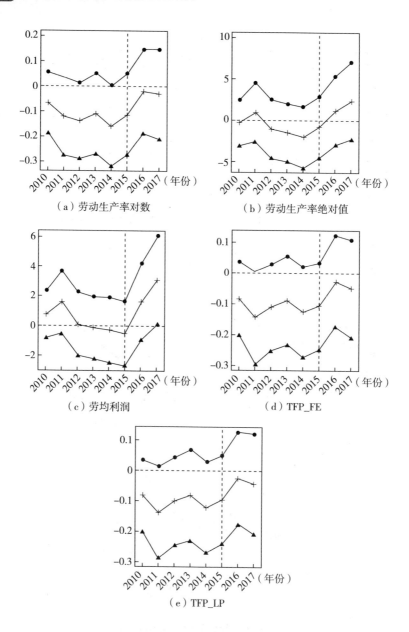

（a）劳动生产率对数　　　　　　　　（b）劳动生产率绝对值

（c）劳均利润　　　　　　　　　　　（d）TFP_FE

（e）TFP_LP

图4-8　同质公司子样本内重污染和非重污染上市公司生产率水平的平行趋势

资料来源：笔者计算。

　　表4-4汇报了PSM-DID同质公司子样本内的环保督察政策效应估计结果。其中，劳动生产率对数和劳动生产率绝对值在5%水平上显著，劳均利润在1%水

平上显著，TFP_FE 和 TFP_LP 在 10% 水平上显著。可以看出，在 PSM 后构建的同质公司子样本中，环保督察的生产率效应系数大小和显著性水平虽然弱于全样本情况，但总体上还是可以观测到显著的政策效应。也就是说，在同质公司子样本内，环保督察的生产率效应估计结果仍是稳健的。

表 4-4　PSM-DID 同质公司子样本内的环保督察政策效果估计结果

被解释变量	劳动生产率对数	劳动生产率绝对值	劳均利润	TFP_FE	TFP_LP
环保督察	0.088 ** (2.30)	2.661 ** (2.25)	2.290 *** (2.80)	0.064 * (1.86)	0.061 * (1.74)
前定控制变量	控制	控制	控制	控制	控制
固定效应	控制	控制	控制	控制	控制
R^2_within	0.090	0.095	0.146	0.106	0.104
观测值	4938	5115	5139	4938	4938

资料来源：笔者计算。

三、匹配方法敏感性分析

在匹配 DID 估计流程中，第一步是计算倾向得分，之后利用倾向得分通过某种匹配方法来匹配处理组和对照组的样本。其中，匹配方法由人为自主选择，不同匹配方法可以得到不同的匹配结果，构建不同的同质公司子样本，后续可以估计得到不同的政策效应结果。

为了保证匹配 DID 估计得到的政策结果对匹配方法不敏感，本章除了采用上文一对一近邻匹配（无放回）方法以外的多种不同匹配方法进行稳健性检验。① 具体来看，本章采用一对一近邻匹配（有放回）、一对二近邻匹配、一对四近邻匹配、马氏距离匹配（一对一）、加入倾向得分的马氏距离匹配（一对一）这几种匹配方法构造相应的同质公司子样本，然后在新样本中进行政策效应

---

① 本章的主要展示方法即选取一对一无放回的原因是一对一无放回更容易理解，但是有放回会使匹配精度更高，所以进行敏感性分析时，本章均采用有放回方法。

评估。①

（一）一对一近邻匹配

一对一近邻匹配（有放回）与上文主要汇报的一对一近邻匹配（无放回）的差别在于为重污染上市公司匹配相应对照组样本后，是否不再放回该对照组样本。有放回的匹配方法的优势在于用来匹配的对照组样本更多，也就意味着相对于无放回匹配方法其匹配精度更高。②

参照平衡性分析结果③（见附录4），从倾向得分的平衡性来看，一对一近邻匹配（有放回）更加精确地将重污染和非重污染上市公司的倾向得分进行了匹配，使重污染和非重污染上市公司的倾向得分的分布情况更加相似。从协变量的平衡性来看，一对一近邻匹配（有放回）也在一定程度上对重污染和非重污染上市公司的协变量均值、方差、分布进行了平衡处理。综合来看，一对一近邻匹配（有放回）构建了较平衡的同质公司子样本。

在一对一近邻匹配（有放回）构建的新样本的基础上，使用DID进行政策效果估计之前，首先要进行平行趋势检验。从平行趋势检验可知（见图4-9，估计结果见附录5），2010~2015年重污染和非重污染上市公司的各类生产率水平的各年政策效应估计系数的95%置信区间都包括零点，即未出现在5%水平及以上显著异于零的情况，说明一对一近邻匹配（有放回）构建的同质公司子样本内的重污染和非重污染上市公司生产率水平满足平行趋势假设。

表4-5汇报了匹配方法为一对一近邻匹配（有放回）的PSM-DID的环保督察政策效应估计结果。其中，劳动生产率绝对值不显著，劳动生产率对数、劳均利润均在5%水平上显著，TFP_FE、TFP_LP在10%水平上显著。也就是说，匹配方法为一对一近邻匹配（有放回）时，环保督察的生产率效应估计结果在一定程度上仍是稳健的。

---

① 这里不选择核匹配的原因是核匹配得出的匹配权重并不是整数，而且也难以倍数扩大总样本量将其化为整数，而STATA不允许样本重复观测是非整数的情况出现，因此本章所采用的均是可以获得整数权重或者易化为整数权重的匹配方法。

② 因为不同匹配法是对倾向得分进行匹配，所以这里的匹配精度是指基于倾向得分的匹配精度，但倾向得分更加平衡并不意味着协变量一定会更加平衡。

③ 篇幅原因，其他匹配方法的平衡性分析图未展示。

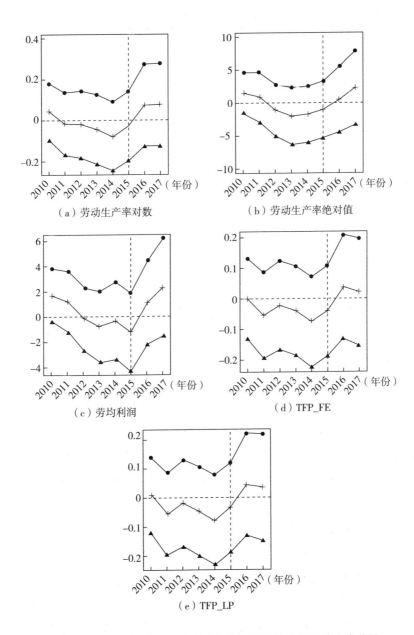

（a）劳动生产率对数　　　　　　　（b）劳动生产率绝对值

（c）劳均利润　　　　　　　　　　（d）TFP_FE

（e）TFP_LP

图 4-9　一对一近邻匹配（有放回）的重污染和非重污染上市公司
生产率水平的平行趋势

资料来源：笔者计算。

表4-5　一对一近邻匹配（有放回）的环保督察政策效果估计结果

被解释变量	劳动生产率对数	劳动生产率绝对值	劳均利润	TFP_FE	TFP_LP
解释变量	模型1	模型2	模型3	模型4	模型5
环保督察	0.105**	2.254	1.943**	0.069*	0.078*
	(2.03)	(1.37)	(1.97)	(1.66)	(1.86)
前定控制变量	控制	控制	控制	控制	控制
固定效应	控制	控制	控制	控制	控制
R^2_within	0.113	0.115	0.147	0.129	0.123
观测值	6961	7246	7285	6961	6961

资料来源：笔者计算。

（二）一对二近邻匹配

一对二近邻匹配与上文主要汇报的一对一近邻匹配的差别在于为重污染上市公司匹配时，在卡尺范围内选择两个非重污染上市公司进行匹配。[①] 一对二近邻匹配相对于一对一匹配的优势在于为每个重污染上市公司找了两个非重污染上市公司作为对照组，从而避免了数据信息的浪费。

参照平衡性分析结果（见附录6），从倾向得分的平衡性来看，一对二近邻匹配也精确地将重污染和非重污染上市公司的倾向得分进行了匹配，使重污染和非重污染上市公司的倾向得分的分布情况更加相似。从协变量的平衡性来看，一对二近邻匹配也在一定程度上对重污染和非重污染上市公司的协变量均值、方差、分布进行了平衡处理。综合来看，一对二近邻匹配构建了较平衡的同质公司子样本。

在一对二近邻匹配构建的新样本的基础上，使用DID进行政策效果估计之前，首先要进行平行趋势检验。从平行趋势检验可知（见图4-10，具体估计结果见附录7），2010~2015年重污染和非重污染上市公司的各类生产率水平的各年政策效应估计系数的95%置信区间包括零点，即未出现在5%水平及以上显著异于零的情况，说明一对二近邻匹配构建的同质公司子样本内的重污染和非重污染上市公司生产率水平满足平行趋势假设。

---

① 一对多匹配均是默认无放回的。

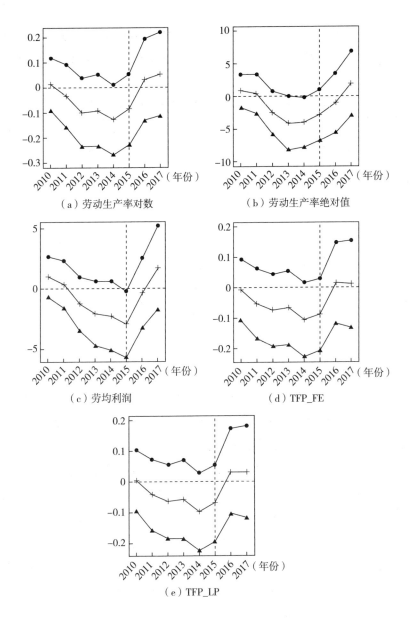

（a）劳动生产率对数　　　　　　　（b）劳动生产率绝对值

（c）劳均利润　　　　　　　　　　（d）TFP_FE

（e）TFP_LP

图 4-10　一对二近邻匹配的重污染和非重污染上市公司生产率水平的平行趋势

资料来源：笔者计算。

　　表 4-6 汇报了匹配方法为一对二近邻匹配的 PSM-DID 的环保督察政策效应估计结果。其中，劳动生产率对数在 1% 水平上显著，劳均利润、TFP_FE、

TFP_LP 在 5% 水平上显著，劳动生产率绝对值在 10% 水平上显著。也就是说，匹配方法为一对二近邻匹配时，环保督察的生产率效应估计结果仍是稳健的。

表 4-6　一对二近邻匹配的环保督察政策效应估计结果

被解释变量	劳动生产率对数	劳动生产率绝对值	劳均利润	TFP_FE	TFP_LP
解释变量	模型 1	模型 2	模型 3	模型 4	模型 5
环保督察	0.119***	2.795*	2.165**	0.083**	0.090**
	(2.74)	(1.88)	(2.38)	(2.32)	(2.50)
前定控制变量	控制	控制	控制	控制	控制
固定效应	控制	控制	控制	控制	控制
R^2_within	0.103	0.132	0.167	0.128	0.120
观测值	10394	10848	10894	10394	10394

资料来源：笔者计算。

（三）一对四近邻匹配

一对四近邻匹配与上文主要汇报的一对一近邻匹配的差别在于为重污染上市公司匹配时，在卡尺范围内选择四个非重污染上市公司进行匹配。一对四近邻匹配相对于一对一匹配的优势在于为每个重污染上市公司找了四个非重污染上市公司作为对照组，从而避免了数据信息的浪费。

参照平衡性分析结果（见附录 8），从倾向得分的平衡性来看，一对四近邻匹配也精确地将重污染和非重污染上市公司的倾向得分进行了匹配，使重污染和非重污染上市公司的倾向得分的分布情况更加相似。从协变量的平衡性来看，一对四近邻匹配也在一定程度上对重污染和非重污染上市公司的协变量均值、方差、分布进行了平衡处理。综合来看，一对四近邻匹配构建了较平衡的同质公司子样本。

在一对四近邻匹配构建的新样本的基础上，使用 DID 进行政策效果估计之前，首先要进行平行趋势检验。从平行趋势检验可知（见图 4-11，具体估计结果见附录 9），2010~2015 年重污染和非重污染上市公司的各类生产率水平的各年政策效应估计系数的 95% 置信区间大部分包括零点，其中劳均利润在 2015 年在 5% 水平上显著为负，说明一对四近邻匹配构建的同质公司子样本内的重污染和非重污染上市公司生产率水平大致满足平行趋势假设，劳均利润不太满足平行趋势。

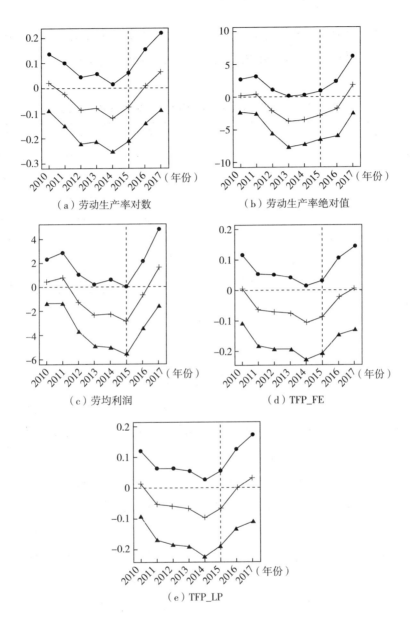

（a）劳动生产率对数 （b）劳动生产率绝对值

（c）劳均利润 （d）TFP_FE

（e）TFP_LP

图 4-11 一对四近邻匹配的重污染和非重污染上市公司生产率水平的平行趋势

资料来源：笔者计算。

表 4-7 汇报了匹配方法为一对四近邻匹配的 PSM-DID 的环保督察政策效应估计结果。其中，劳动生产率对数在 1% 水平上显著，劳均利润、TFP_LP 在 5%

水平上显著，劳动生产率绝对值、TFP_FE 在 10% 水平上显著。① 也就是说，匹配方法为一对四时，环保督察的生产率效应估计结果仍是稳健的。

表 4-7　一对四近邻匹配的环保督察政策效果估计结果

被解释变量	劳动生产率对数	劳动生产率绝对值	劳均利润	TFP_FE	TFP_LP
解释变量	模型 1	模型 2	模型 3	模型 4	模型 5
环保督察	0.104 ***	2.432 *	2.041 **	0.059 *	0.071 **
	(2.85)	(1.93)	(2.47)	(1.80)	(2.22)
前定控制变量	控制	控制	控制	控制	控制
固定效应	控制	控制	控制	控制	控制
R^2_within	0.091	0.140	0.174	0.116	0.106
观测值	16922	17876	17961	16922	16922

资料来源：笔者计算。

（四）马氏距离匹配

马氏距离匹配是根据处理组和对照组之间的马氏距离来进行匹配。具体来看，得到马氏距离后，将最小马氏距离的一个处理组和一个对照组进行配对，并移出数据池，重复该操作直到所有的处理组均得到配对。马氏距离匹配的缺点是当模型包括很多协变量时，很难找对近似的匹配。

参照平衡性分析结果（见附录 10），从倾向得分的平衡性来看，马氏距离匹配平衡重污染和非重污染上市公司的倾向得分。从协变量的平衡性来看，马氏距离匹配在一定程度上对重污染和非重污染上市公司的协变量均值、方差、分布进行了平衡处理。综合来看，马氏距离匹配构建了较平衡的同质公司子样本。

在马氏距离匹配构建的新样本的基础上，使用 DID 进行政策效果估计之前，首先要进行平行趋势检验。从平行趋势检验可知（见图 4-12，具体估计结果见附录 11），2010~2015 年重污染和非重污染上市公司的各类生产率水平的各年政策效应估计系数的 95% 置信区间都包括零点，即未出现在 5% 水平及以上显著异于零的情况，说明马氏距离匹配构建的同质公司子样本内的重污染和非重污染上

---

① 回归结果中，因为劳均利润的平行趋势不满足，劳均利润的政策效应估计结果不能认为是准确的政策效应。

市公司生产率水平满足平行趋势假设。

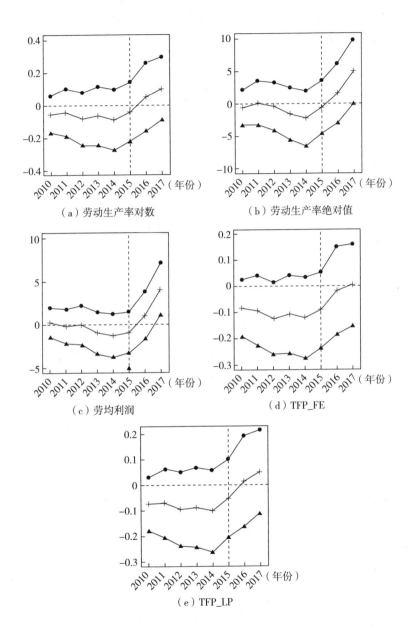

图4-12 马氏距离匹配的重污染和非重污染上市公司生产率水平的平行趋势

资料来源：笔者计算。

表4-8汇报了匹配方法为马氏距离匹配的环保督察政策效应估计结果。其中,环保督察的各类生产率效应均在5%水平及以上显著。也就是说,匹配方法为马氏距离时,环保督察的生产率效应估计结果仍是稳健的。

表4-8　马氏距离匹配的环保督察政策效应估计结果

被解释变量	劳动生产率对数	劳动生产率绝对值	劳均利润	TFP_FE	TFP_LP
解释变量	模型1	模型2	模型3	模型4	模型5
环保督察	0.135***	4.091***	3.123***	0.091**	0.107***
	(2.91)	(3.26)	(3.71)	(2.36)	(2.80)
前定控制变量	控制	控制	控制	控制	控制
固定效应	控制	控制	控制	控制	控制
R^2_within	0.095	0.086	0.113	0.103	0.107
观测值	7326	7573	7614	7326	7326

资料来源:笔者计算。

（五）加入倾向得分的马氏距离匹配

加入倾向得分的马氏距离匹配是首先计算各个样本的倾向得分,然后在协变量中加入倾向得分进行马氏距离匹配。加入倾向得分的马氏距离匹配将倾向得分和其他特征变量同时作为协变量进行匹配。其相对于普通马氏距离匹配存在如下好处:虽然加入倾向得分的马氏距离匹配在匹配时主要参照的指标不是倾向得分,但其将倾向得分作为协变量中的一个也在一定程度上平衡了重污染和非重污染上市公司的倾向得分。而普通马氏距离匹配并没有考虑倾向得分特征。

参照平衡性分析结果（见附录12）,从倾向得分的平衡性来看,加入倾向得分的马氏距离匹配相对于普通马氏距离匹配更好地平衡了倾向得分。从协变量的平衡性来看,加入倾向得分的马氏距离匹配在一定程度上对重污染和非重污染上市公司的协变量均值、方差、分布进行了平衡处理。综合来看,加入倾向得分的马氏距离匹配构建了较平衡的同质公司子样本。

在加入倾向得分的马氏距离匹配构建的新样本的基础上,使用DID进行政策效果估计之前,首先要进行平行趋势检验。从平行趋势检验可知（见图4-13,具体估计结果见附录13）,2010～2015年重污染和非重污染上市公司的各类生产率水平的各年政策效应估计系数的95%置信区间都包括零点,即未出现在5%水平及以上显著异于零的情况，说明加入倾向得分的马氏距离匹配构建的同质公司子样本内的重污染和非重污染上市公司生产率水平满足平行趋势假设。

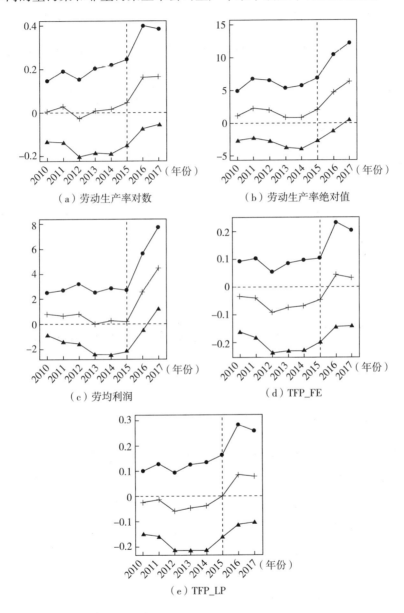

（a）劳动生产率对数　　　（b）劳动生产率绝对值

（c）劳均利润　　　（d）TFP_FE

（e）TFP_LP

图 4-13　加入倾向得分的马氏距离匹配重污染和非重污染

上市公司生产率水平的平行趋势

资料来源：笔者计算。

表4-9汇报了匹配方法为加入倾向得分的马氏距离匹配的环保督察政策效应估计结果。其中，环保督察的各类生产率效应均在5%及以上水平上显著。也就是说，加入倾向得分的马氏距离匹配时，环保督察的生产率效应估计结果仍是稳健的。

表4-9 加入倾向得分的马氏距离匹配的环保督察政策效应估计结果

被解释变量	劳动生产率对数	劳动生产率绝对值	劳均利润	TFP_FE	TFP_LP
解释变量	模型1	模型2	模型3	模型4	模型5
环保督察	0.149***	4.068***	3.112***	0.096**	0.109***
	(2.92)	(2.93)	(3.46)	(2.32)	(2.66)
前定控制变量	控制	控制	控制	控制	控制
固定效应	控制	控制	控制	控制	控制
R^2_within	0.101	0.085	0.112	0.105	0.109
观测值	7337	7600	7635	7337	7337

资料来源：笔者计算。

第二节 对照组受政策影响的处理方法

一、对照组受政策影响的原因

如果所选的对照组也受到环保督察影响，即对照组可以看成另一个处理组，那么上文的估计结果只能认为是处理组和另一个处理组的政策效果差异，而不是本章所需的政策效应。现实中，不同于其他存在明确政策对象的"准自然实验"[1]，环保督察作为一个全国性政策，我们并不能判断哪些公司或行业是完全不受影响并以此作为纯净的对照组。[2] 因此，在上文的研究设计中，本章退而求

---

[1] 例如，在"两控区"政策评估中，可以明确地把"两控区"内样本作为处理组，其他样本作为对照组。在试点政策评估中，可以明确地把试点样本作为处理组，非试点样本作为对照组。

[2] 虽然环保督察在2016~2017年分4批次逐步实施，其中2016年部分省份未实施环保督察，理论上可以考虑将2016年实施省份作为处理组，2016年未实施省份作为对照组，以此进行政策效果评估。但因为2016年未实施省份均在2017年实施了环保督察，考虑到对照组只存在短短一年时间且政策存在滞后性，几乎可以认为这种政策评估是难以进行的。

其次，考虑使用官方公布的"重污染行业"定义来划分环保督察准实验的处理组和对照组。

值得注意的是，作为对照组的非重污染行业内很多上市公司可能也会受到环保督察的影响，也就是说，原研究设计中的非重污染行业并不是一个很纯净的对照组。因此，对照组受政策影响问题会对本章环保督察的政策效应评估结果造成一定威胁。[①]

二、使用更纯净的对照组

（一）轻污染、中污染、重污染划分

为了处理对照组受政策影响问题，本章尝试寻找更纯净的轻污染上市公司作为新对照组，而不使用非重污染上市公司作为对照组。具体来看，本章将政策实施前一年 2015 年《中国环境统计年鉴》中排放废水和排放废气在排放总量的平均占比低于 0.5% 的 8 个二位代码工业行业定义为轻污染样本，重污染样本划分参照上文，非重污染、非轻污染定义为中污染样本，具体定义见表 4-10。此时原对照组（非重污染上市公司）相当于这里的轻污染和中污染上市公司。从环保督察的政策目的来看，因为轻污染样本污染程度较轻，其受到环保督察影响较小，因此本章认为轻污染样本是相对较纯净的对照组。

表 4-10 轻污染、中污染、重污染上市公司划分依据

分组	定义	原设计	问题检验	新设计
轻污染上市公司	2015 年污染占比低于 0.5% 的 8 个二位代码工业行业	原对照组	对照组	对照组
中污染上市公司	非轻污染、非重污染的其他上市公司		处理组	处理组
重污染上市公司	官方定义"重污染行业"对应至申万行业分类中的上市公司	原处理组	不使用	

资料来源：笔者整理。

[①] 幸运的是，如果原处理组和原对照组都受到政策影响，那么相对于完全纯净的对照组，原对照组（非重污染）和原处理组（重污染）的政策效果一般情况下应该是同方向的。也就是说，原对照组受政策影响问题只会使我们低估政策效应，而不是高估政策效应，其中低估的部分是原对照组（非重污染）与完全纯净的对照组之间的政策效应。

（二）检验问题是否存在

若存在对照组受政策影响的问题，根据样本的污染情况，我们有理由认为原对照组内受政策影响的行业为中污染样本，而不是轻污染样本。因此，为了检验是否存在该问题，本章把中污染上市公司界定为处理组，轻污染上市公司界定为对照组，以此进行环保督察的政策效果估计。若存在显著的政策效果，说明中污染上市公司在一定程度上受到环保督察的影响，原对照组（轻污染和中污染上市公司）并不是一个纯净的对照组。

表4-11中模型1~模型5报告了中污染上市公司和轻污染上市公司间的环保督察的生产率效应。表中出现5%水平及以上显著的政策效应，那么可以认为中污染样本作为原对照组时受政策影响较大，该问题对本章结论构成威胁。

表4-11　对照组受政策影响问题检验的估计结果

处理组	中污染上市公司				
对照组	轻污染上市公司				
被解释变量	劳动生产率对数	劳动生产率绝对值	劳均利润	TFP_FE	TFP_LP
解释变量	模型1	模型2	模型3	模型4	模型5
环保督察	0.121***	2.710**	2.351***	0.116***	0.128***
	(2.61)	(2.16)	(2.64)	(2.60)	(2.88)
前定控制变量	控制	控制	控制	控制	控制
固定效应	控制	控制	控制	控制	控制
R^2_within	0.075	0.101	0.129	0.100	0.093
观测值	5483	5695	5733	5483	5483

资料来源：笔者计算。

（三）缓解对照组受影响问题

为了缓解上述出现的对照组受政策影响问题，本章以轻污染上市公司作为新对照组，以中污染、重污染上市公司作为新对照组，以此进行环保督察政策效应评估，这里我们假定环保督察主要影响中污染、重污染样本，而轻污染样本受到的影响可以忽略。

表4-12汇报了在更纯净的新对照组的基础上的环保督察政策效果估计结果，可以看出缓解对照组受政策影响问题后，环保督察的政策效果大小和显著性水平

都有所提高，这也符合本章之前的猜测。综合来看，缓解对照组受影响问题后，以轻污染上市公司作为新对照组的环保督察政策效果仍然是稳健的。

表 4-12 缓解对照组受政策影响问题后的估计结果

处理组	中污染、重污染上市公司				
对照组	轻污染上市公司				
被解释变量	劳动生产率对数	劳动生产率绝对值	劳均利润	TFP_FE	TFP_LP
解释变量	模型 1	模型 2	模型 3	模型 4	模型 5
环保督察	0.158***	3.916***	3.145***	0.144***	0.158***
	(3.71)	(3.34)	(3.68)	(3.42)	(3.77)
前定控制变量	控制	控制	控制	控制	控制
固定效应	控制	控制	控制	控制	控制
R^2_within	0.078	0.081	0.116	0.094	0.093
观测值	9365	9732	9787	9365	9365

资料来源：笔者计算。

以轻污染上市公司作为新对照组，利用双重差分法得出的上述政策评估同样需要进行平行趋势检验。为此，本章利用上文方法对新研究设计进行平行趋势检验（见图 4-14，具体估计结果见附录 14），可以看出，轻污染和中重污染上市公司的各类生产率水平总体上满足平行趋势假设。[①] 结果说明新研究设计满足平行趋势假设，双重差分法适用条件满足。

三、连续型双重差分法

（一）连续型 DID 估计结果

因为环保督察是一个全国性政策，我们并不能准确划分出处理组和对照组。本章在之前研究设计中，退而求其次。首先，根据官方定义的"重污染行业"将总样本中的重污染上市公司划分为处理组，非重污染上市公司划分为对照组，以此进行环保督察的政策效应评估。

---

① 虽然 2011 年轻污染和中重污染上市公司的 TFP_FE 变化趋势在 5% 水平上出现显著差异，但 2012~2015 年均未出现显著差异，因此总体上可以认为平行趋势满足。

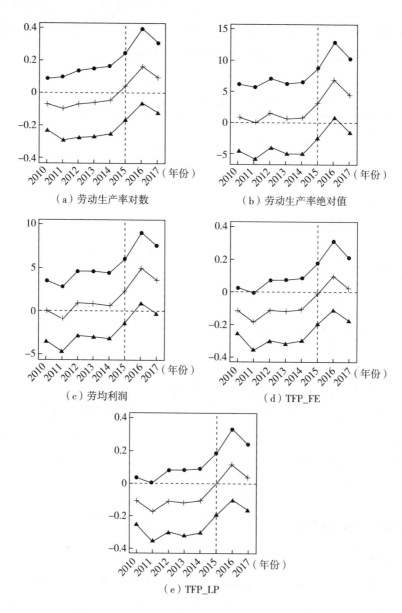

（a）劳动生产率对数　　　　　　　（b）劳动生产率绝对值

（c）劳均利润　　　　　　　　　　（d）TFP_FE

（e）TFP_LP

图4-14　以轻污染上市公司为新对照组、中重污染上市

公司为新处理组的平行趋势检验

资料来源：笔者计算。

　　其次，本章分析对照组受政策影响的情况，发现原对照组（非重污染上市公司）内存在部分行业（中污染上市公司）也受到环保督察的影响。为了缓解该问题，本章把政策实施前一年 2015 年《中国环境统计年鉴》中排放废水和排放废气在排放总量的平均占比低于 0.5% 的 8 个二位代码工业行业定义为轻污染样本。以轻污染作为对照组，非轻污染作为处理组进行环保督察的政策效应评估。

在没有更详细的数据信息支持下，以上两种方法均是对环保督察进行政策评估的权宜之计。总体来看，以上两种方法都是在传统双重差分法的框架下，将总样本划分为处理组和对照组，以此进行政策效应评价。这样的做法主要存在以下几点缺陷：一是在没有政策标明的情况下，划分处理组和对照组时存在主观性；二是在处理组中，认为所有样本受到政策影响力度是一致的，在对照组中，认为所有样本全都没有受到政策影响。而实际上，各个样本受到环保督察政策影响的力度是不同的，而且政策力度显然与其污染情况有关。

为了克服以上缺陷，本章参照 Nunn 和 Qian（2011）、Moser 和 Voena（2012）、汪伟等（2013）的做法，使用连续型 DID 对环保督察的政策效应进行稳健性检验。从思想上看，连续型 DID 与传统 DID 类似，不同点在于连续型 DID 使用可以代表政策力度的连续变量，来代替只能取值为 0 和 1 的传统 DID 的政策分组虚拟变量，该方法更好地利用了政策力度数据信息，可以获得更加精确的政策效应估计结果。Nunn 和 Qian（2011）认为连续型 DID 具有传统 DID 的全部优点。

在难以获得上市公司准确污染数据的情况下，本章以行业污染占比作为环保督察政策力度的代理变量。具体来看，我们以 2015 年的行业污染占比作为政策力度的代理变量，行业污染占比根据各工业二位行业在政策实施前一年 2015 年《中国环境统计年鉴》中排放废水和排放废气占排放总量的平均百分比计算获得。[1] 表 4-13 汇报了 2015 年二位工业的行业污染占比[2]，可以看出，之前定义的轻污染行业就是表 4-13 中行业污染占比低于 0.5% 的 8 个行业。

---

① 这里我们只考虑在制造业中的占比。具体计算步骤如下，首先我们计算出 A 行业的废水排放占所有行业废水排放的百分比，同理计算获得废气排放的排放比。废水和废气百分比的平均值就是 A 行业的行业污染占比，具体数据见附录。

② 具体计算过程见附录 15。

表 4-13　2015 年二位工业行业的行业污染占比　　　　单位:%

行业名	污染占比	行业名	污染占比	行业名	污染占比
农副食品加工业	5.18	文教、工美、体育和娱乐用品制造业	0.10	专用设备制造业	0.36
食品制造业	2.05	石油加工、炼焦和核燃料加工业	5.18	汽车制造业	1.23
酒、饮料和精制茶制造业	2.51	化学原料和化学制品制造业	12.47	铁路、船舶、航空航天和其他运输设备制造业	0.53
烟草制品业	0.14	医药制造业	2.17	电气机械和器材制造业	0.70
纺织业	6.44	化学纤维制造业	1.48	计算机、通信和其他电子设备制造业	2.84
纺织服装、服饰业	0.61	橡胶和塑料制品业	0.88	仪器仪表制造业	0.11
皮革、毛皮、羽毛及其制品和制鞋业	0.90	非金属矿物制品业	14.25	其他制造业	0.89
木材加工及木、竹、藤、棕、草制品业	0.79	黑色金属冶炼及压延加工业	21.58	废弃资源综合利用业	0.12
家具制造业	0.07	有色金属冶炼及压延加工业	5.32	金属制品、机械和设备修理业	0.07
造纸及纸制品业	8.60	金属制品业	1.81	制造业总计	100.00
印刷和记录媒介复制业	0.10	通用设备制造业	0.54		

资料来源: 笔者计算。

为了考察环保督察对制造业上市公司的生产率效应,基于连续型双重差分法,本章构建如下计量模型:

$$Y_{i,t} = \beta_0 + \beta_1 EffectContinuous_{i,t} + \beta_2 TreatedTime_t + \beta_3 PolluionInd_i +$$

$$\sum_j \alpha_j \times PreControl_{j,i} \times \gamma_{year} + \gamma_i + \gamma_{pro-year} + \gamma_{pro-ind} + \varepsilon_{i,t} \quad (4-1)$$

式 (4-1) 中, $PolluionInd_i$ 代表行业污染占比,是时不变的, $EffectContinuous_{i,t}$ 是行业污染占比与政策分组虚拟变量的乘积交叉项。连续型 DID 的其他模型设定与传统 DID 式 (3-1) 的模型设定一致。

表 4-14 汇报了采用连续型 DID 以行业污染占比作为政策力度代理变量的环保督察政策效应估计结果。这里的连续型 DID 交叉项系数与传统 DID 的经济含义不同。以劳动生产率对数为例,上文传统 DID 的交叉项系数为 0.112 (见表 3-7),

意味着环保督察导致重污染和非重污染上市公司的劳动生产率差距扩大了11.2%。而在连续型DID的政策估计结果中，我们以行业污染占比作为政策力度的代理变量，模型1的政策交叉项系数为0.009，意味着行业污染占比提高1%，其受到环保督察的劳动生产率影响就增加0.9%。综合来看，在不主观对处理组和对照组进行划分并考虑政策力度的情况下，使用连续型DID估计得到的环保督察生产率效应是稳健的。

表4-14　连续型双重差分法的环保督察政策效果估计结果

被解释变量	劳动生产率对数	劳动生产率绝对值	劳均利润	TFP_FE	TFP_LP
解释变量	模型1	模型2	模型3	模型4	模型5
连续型交叉项	0.009***	0.312***	0.189**	0.008***	0.007**
	(2.66)	(2.99)	(2.57)	(2.65)	(2.36)
前定控制变量	控制	控制	控制	控制	控制
固定效应	控制	控制	控制	控制	控制
R^2_within	0.074	0.080	0.113	0.091	0.089
观测值	9363	9730	9785	9363	9363

资料来源：笔者计算。

（二）连续型DID的平行趋势假设检验

连续型双重差分法同样需要满足平行趋势假设，即如果没有实施环保督察，不同污染情况的上市公司应该具有相同的生产率水平变化趋势。上文普通的双重差分法主要采用加入各年虚拟变量与政策分组虚拟变量乘积来估计各年变化趋势差异情况，从而进行平行趋势检验。类似地，连续型DID也可以通过这种方法进行平行趋势检验，如Nunn和Qian（2011）在使用连续型DID后采用各个时期的交叉项研究了政策效果的时间异质性。除了将政策分组虚拟变量换成行业污染占比来构成各年的政策交叉项，其他具体模型设定与传统DID的平行趋势模型一致。

连续型DID的平行趋势检验结果见图4-15（估计结果见附录16）。从平行趋势估计结果可知，劳动生产率对数、劳动生产率绝对值、TFP_FE、TFP_LP在2010~2015年政策交叉项的95%置信区间均包括零，即在没有实施环保督察时，不同污染情况的上市公司的生产率水平变化趋势没有系统性差异，也就是说这四类生产率水平满足平行趋势假设。对于劳均利润来说，2010~2014年政策交

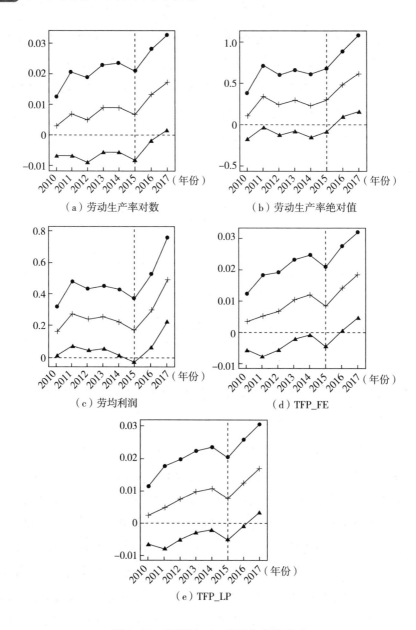

（a）劳动生产率对数　　　　　　　（b）劳动生产率绝对值

（c）劳均利润　　　　　　　　　（d）TFP_FE

（e）TFP_LP

图4-15　连续型DID的平行趋势检验

资料来源：笔者计算。

叉项的95%置信区间均大于零，即在2010~2014年不同污染情况的上市公司的生产率水平变化趋势存在系统性差异，而且污染水平越高的上市公司的劳均利润越高。虽然劳均利润没有满足平行趋势，但从平行趋势图可以看出，2016年和

2017年的交叉项系数比2010～2015年的交叉项系数更加显著异于零。也就是说，虽然不能严谨地认为环保督察对劳均利润的政策效应估计结果是准确的，但是可以看出，政策效应是存在的。综合来看，不同污染水平的上市公司的大多数类型生产率水平满足平行趋势假设。

（三）连续型DID的假想政策检验

在连续型DID的平行趋势检验时，我们也可以用假想政策进行检验。具体模型设定与传统DID的设定类似，仅将政策分组虚拟变量替换为行业污染占比，政策交叉项也相应替换。连续型DID的假想政策检验思路也类似。其思路是，如果2016年环保督察之前有系统性变量存在持续的生产率效应，那么在2009～2015年用上述连续型DID模型对假想政策进行政策评估时，我们可以观测到显著的假想政策效应。如果没有观测到显著的假想政策效应，说明2016年环保督察之前不存在遗漏影响生产率的系统性变量。

表4-15汇报了连续型DID假想政策的劳动生产率对数的政策效应估计结果（其他假想政策估计结果见附录17）。可以看出，在连续型DID中，2010～2015年的假想政策均不存在显著的政策效应。也就是说，不同污染情况的上市公司的劳动生产率对数平行趋势假设成立。同理，其他生产率水平的平行趋势假设也均成立。

表4-15　连续型DID的假想政策的劳动生产率对数政策效应估计结果

被解释变量	劳动生产率对数					
解释变量	模型1	模型2	模型3	模型4	模型5	模型6
假想政策2010年	0.001 (0.17)					
假想政策2011年		-0.001 (-0.15)				
假想政策2012年			-0.002 (-0.43)			
假想政策2013年				0.001 (0.33)		
假想政策2014年					0.002 (0.46)	

被解释变量	劳动生产率对数					
假想政策 2015 年						0.002
						(0.52)
固定效应	控制	控制	控制	控制	控制	控制
$R^2\_$ within	0.000	0.000	0.000	0.000	0.000	0.000
观测值	7329	7329	7329	7329	7329	7329

资料来源：笔者计算。

第三节　基于近似置换检验的统计推断

一、使用近似置换检验的原因

在 DID 估计中，为了对估计得到的政策效应进行统计推断，我们需要对随机误差项施加一定假定。但误差性之间真实的相关关系并不可知，因此后续发展出多种稳健标准误的计算方式，如聚类稳健标准误等。因此，在误差项相关性未知的情况下，选择任何一种稳健标准误的类型均不一定能得到无偏的标准误。因此，我们使用近似置换检验（又可称为近似随机化检验）的方式来获得不需要对误差项施加假设的政策效应统计推断结果。

二、近似置换检验流程

我们根据上文的 DID 估计模型建立一个较为一般化的 DID 模型，除没有前定控制变量外，模型形式与上文 DID 模型基本相同：

$$Y_{i,t} = \beta_0 + \beta_1 Effect_{i,t} + \beta_2 TreatedTime_t + \beta_3 TreatedGroup_i + \gamma_i + \gamma_{pro-year} + \gamma_{pro-ind} + \varepsilon_{i,t}$$

$$(4-2)$$

式 4（-2）中，除 $Effect_{i,t}$、$TreatedTime_t$、$TreatedGroup_i$ 三个解释变量外，模型中各个部分均与原模型设定一致。一般化的 DID 模型中，政策分组、政策时间、政策交叉项三个解释变量不再由 2016 年的环保督察决定，而是由我们假想的政策确定。近似置换检验就是通过随机设定假想的政策，即随机模拟这三个解释变量的取值，从而构造出生产率效应结果的经验分布情况。近似置换检验的具体步骤如下：

步骤 1：在 2010~2015 年随机选择一年作为政策实施假想年份。

步骤 2：在总样本中随机选择一定数量的样本作为处理组，剩下的作为对照组。①

步骤 3：以步骤 1 和步骤 2 的随机化结果来确定 $TreatedTime_t$、$TreatedGroup_i$ 的值，从而确定乘积交叉项 $Effect_{i,t}$ 的值。

步骤 4：基于随机化得到的政策分组、政策时间、政策交叉项的变量值，利用一般化 DID 模型式（4-2）进行政策效果估计，得到一个随机化的政策效应。

步骤 5：重复以上过程 K 次，获得 K 个随机化的政策效应，以此构造出政策效应的近似经验分布。

步骤 6：利用随机化得到的经验分布，对环保督察政策效应的原估计结果进行统计推断，如计算 P 值等。

三、近似置换检验结果

为了方便对比，表 4-16 展示了表 3-7 中之前估计得到的环保督察政策效应的系数结果。② 由表可知，劳动生产率对数、劳动生产率绝对值、劳均利润、TFP_FE、TFP_LP 的政策效应分别是 0.102、3.212、2.730、0.071、0.081，我们后续将以此作为参照。

表 4-16　未加前定控制变量的原环保督察政策效应估计结果

被解释变量	劳动生产率对数	劳动生产率绝对值	劳均利润	TFP_FE	TFP_LP
解释变量	模型 1	模型 2	模型 3	模型 4	模型 5
环保督察	0.102***	3.212***	2.730***	0.071**	0.081***
	(3.38)	(3.57)	(4.30)	(2.52)	(2.87)
前定控制变量	未控制	未控制	未控制	未控制	未控制

---

① 这里一般随机选择原处理组样本数量的样本作为处理组。

② 为了进行对比，这里的估计系数也是在未加前定控制变量情况下估计出的环保督察政策效应。

续表

被解释变量	劳动生产率对数	劳动生产率绝对值	劳均利润	TFP_FE	TFP_LP
固定效应	控制	控制	控制	控制	控制
R^2_within	0.002	0.003	0.005	0.001	0.002
观测值	10156	10614	10765	10156	10156

资料来源：笔者计算。

本章进行了 K = 999 次随机化模拟，得到了 999 个随机化的政策效应。以劳动生产率对数为例（见图4-16），通过 999 次随机化模拟，我们得到了环保督察的劳动生产率对数政策效应的经验分布情况，并以此代替总体分布情况。本章估计得到的环保督察的原劳动生产率对数政策效应为 $\beta_1 = 0.102$，为图4-16垂直黑线对应的数值。从图上看，原劳动生产率对数的政策效应 $\beta_1 = 0.102$ 在经验分布的右尾附近，有足够的理由拒绝零假设。通过具体数据，本章发现图中政策效应大于 $\beta_1 = 0.102$ 的观测值只有 2 个，因此可以计算 P 值 = (2 + 1) / (999 + 1) = 0.3%，即在近似置换检验中，本章估计出的原劳动生产率对数政策效应 $\beta_1 = 0.102$ 在 0.3% 水平上显著异于零。也就是说，不对误差项施加假设的情况下，环保督察的劳动生产率对数的政策效应也是显著的。

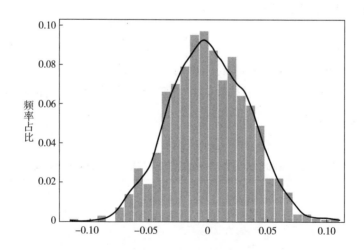

图4-16 随机化的劳动生产率对数的政策效应经验分布

注：图中条状图是 999 个随机化的劳动生产率对数的政策效应分布情况，黑色曲线是其核密度分布情况，黑色垂直实线是政策效应 = 0.102 的环保督察政策效应估计结果。

资料来源：笔者计算。

　　同理，本章可以计算出各类生产率水平在近似置换检验中的 P 值。① 从表 4-17 可知，劳动生产率对数、劳动生产率绝对值、劳均利润、TFP_LP 均在 1% 水平及以上显著为正，TFP_FE 在 5% 水平上显著为正。综合来看，采用近似置换检验进行统计推断，不对误差项施加假设的情况下，环保督察的各类生产率效应仍然是稳健的。999 次随机化的各类生产率水平的政策效应经验分布如图 4-17 所示。

表 4-17　基于近似置换检验的各类劳动生产率水平 P 值

被解释变量	劳动生产率对数	劳动生产率绝对值	劳均利润	TFP_FE	TFP_LP
环保督察	0.102	3.212	2.730	0.071	0.081
随机化政策效应 大于原效应的随机化次数	2	1	0	11	2
P 值	0.003	0.002	0.001	1.012	0.003

资料来源：笔者计算。

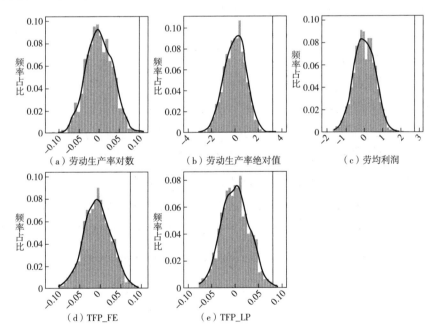

图 4-17　999 次随机化的各类生产率水平的政策效应经验分布

　　注：各子图中垂直黑线分布代表现实的环保督察的劳动生产率对数、劳动生产率绝对值、劳均利润、TFP_FE、TFP_LP 的政策效应，其分别是 0.102、3.212、2.730、0.071、0.081。

　　资料来源：笔者计算。

———————————

① 因为本章只进行了 999 次随机化模拟，所以 P 值最小为 0.1%。

本章小结

    本章主要对环保督察生产率效应的估计结果进行了充分的稳健性检验。从同质性、对照组受影响问题、基于近似置换检验的统计推断三个角度进行了稳健性讨论。具体来看，得到了以下结论：

    第一，从同质性问题来看，首先本章在包含重污染二级行业的一级行业的同质行业子样本中进行了生产率效应估计，发现同质行业中生产率效应仍然是稳健的；其次本章使用一对一近邻匹配（无放回）、一对一近邻匹配（有放回）、一对二近邻匹配、一对四近邻匹配、马氏距离匹配、加入倾向得分的马氏距离匹配六种匹配方法获得了同质公司子样本，在同质公司子样本中发现了环保督察的生产率效应仍然是显著的。

    第二，从对照组受政策影响问题来看，本章首先发现原对照组确实也受到了环保督察的影响；其次尝试寻找更纯净的轻污染上市公司作为新对照组，并在新对照组和新处理组中估计了环保督察的生产率效应；最后为了克服传统 DID 中只能取值为 0 和 1 的政策分组虚拟变量问题，本章使用连续型 DID 进行了环保督察的生产率效应估计，实证结果表明政策效应仍然是显著的。

    第三，从不对误差项施加假定的统计推断来看，本章还使用近似置换检验的方法，进行了 999 次随机化模拟获得了环保督察生产率效应的经验分布，发现在不对误差项施加假设的情况下，各类生产率水平的政策效应仍然是稳健的。

第五章　去产能的生产率效应研究

第一节　引言

　　2016 年之前，我国工业结构性供需矛盾逐渐凸显，产能严重过剩成为我国经济运行中的突出矛盾和诸多问题的根源。早在 2013 年，政府已经意识到产能过剩问题的严重性并着手化解产能过剩。但局限于我国之前一贯采取的需求侧政策手段，当时产能过剩问题并未得到有效化解。显然，对于结构性产能过剩问题，从供给侧化解比从需求侧化解更有效。直至 2016 年，供给侧结构性改革的提出使政府开始转向主要以供给侧手段处理产能过剩问题。当前，去产能已经是供给侧结构性改革的重点之一。

　　2016 年至今，去产能政策已经实施多年。从钢铁行业来看，大量长期存在的低端落后产能得到出清，1.4 亿吨"地条钢"全面出清[1]，行业产能严重过剩的矛盾得到有效化解，市场供需基本平衡具体体现为：产能布局持续优化，钢铁产能进一步向沿海集聚，建设了宝钢湛江、首钢曹妃甸等一批沿海钢铁基地，降低了能源资源获取成本：兼并重组稳步推进，龙头企业示范引领、民营企业做大做强，国内前 10 家钢铁企业粗钢产量占全国比重已由 2016 年的 35.9% 提升到

---

　　① 新华社，钢铁产能过剩全球论坛第二次部长级会议在巴黎举行[EB/OL]. (2018-09-21). https：// baijiahao. baidu. com/s？id=16121797219195924&wfr=spider&for=pc.

2021 年的 41.5%，钢铁产业集中度显著提升；重点工艺技术装备水平明显提升，根据世界钢铁协会数据，2021 年我国电炉钢产量占比约 10.6%，较 2015 年的 6.1%提高了 4.5 个百分点。

在肯定去产能带来成绩的同时，我们仍然需要对去产能政策效应进行科学的评价。同时，当前我国经济已由高速增长阶段转向高质量发展阶段，提高全要素生产率是高质量发展的动力源泉。那么去产能政策能否提高钢铁行业的生产率水平从而促进钢铁行业转向高质量发展？如果去产能对钢铁行业存在生产率效应，其生产率效应有多大？这些问题引起了笔者的关注。

为了尝试回答这几个问题，本章使用合成控制法，基于 2010~2017 年上市公司数据，对钢铁行业的去产能生产率效应进行政策评估。本章的政策评估结果不仅可以为政策决策层下一步对去产能政策的后续调整提供参考，还对未来类似政策的制定提供一定科学的参考依据。

为了化解过剩产能，短期来看去产能可能会对钢铁行业产生一定冲击。但是长期来看，取缔"地条钢"等违法违规产能，淘汰落后产能，依法退出达不到强制性标准的产能等措施会优化钢铁供给情况、提高行业集中度，提高高效、优质钢铁企业的市场份额，对优质钢铁企业的生产率产生促进作用。考虑到钢铁上市公司几乎均为钢铁行业龙头企业，"集中度提高"生产率促进效应会远大于短期冲击，本章预估我们可以得到显著为正的去产能生产率效应。

第二节　研究设计

一、模型介绍

为了科学严谨地评估去产能的生产率效应，本章首先需要选择一个合适的识别方法。第三章和第四章环保督察政策评估中的双重差分法是通过比较对照组和处理组在政策实施前和实施后的情况来得到政策效应结果。但是，普遍用于政策评估的双重差分法存在一个基本要求，就是对照组和处理组在政策实施前的政策效果变量没有系统性差异，即满足平行趋势假设。但制造业中去产能影响最大的钢铁行业与其他行业的生产率水平在 2016 年之前很可能存在系统性差异①，不满足平行趋势假设，所以使用双重差分法进行去产能政策效应评估是不合适的。

为了克服平行趋势不满足双重差分法的缺陷，Abadie 和 Gardeazabal（2003）最早提出了一种新的政策效应识别方法——合成控制法（Synthetic Control Method，SCM）。合成控制法通过将对照组中的样本进行加权平均合成出一个与处理组更加相似的"合成样本"，以此作为处理组的反事实。具体到本章研究，直接把其他制造业样本作为钢铁行业的对照组的做法是不合适的，因此本章使用合成控制法将对照组中的样本进行一定的线性组合，构造出一个与钢铁行业更加相似的虚拟"合成样本"。此时，"合成样本"可以认为是钢铁行业的反事实。那么通过对比 2016 年去产能实施后钢铁实际样本和"合成样本"的生产率水平，我们就可以得到去产能的生产率效应。合成控制法的具体模型构建参见 Abadie 和 Gardeazabal（2003）、Abadie 等（2010）的研究。

二、模型说明

（一）数据处理

为了评估钢铁行业去产能的生产率效应，本章与第三章环保督察数据处理一致。② 额外地，因为"合成控制法"方法的要求，本章将所有 2010～2017 年存在重要解释变量值和被解释变量值缺失的样本剔除。最终，本章获得受到去产能影响的 10 家钢铁行业上市公司，分别是大冶特钢、太钢不锈、包钢股份、宝钢股份、凌钢股份、鄂尔多斯、方大特钢、新钢股份、马钢股份、柳钢股份。

（二）对照组选取

当前，制造业中的重污染行业（包括钢铁行业）上市公司同时受到环保督察和去产能两个重要政策的叠加影响，而且这两个政策的开始实施时间相近，都可以视为在 2016 年开始实施。那么，从非重污染、重污染（不包括钢铁）、钢铁行业三组制造业上市公司来看，非重污染上市公司不受到或较少受到环保督察和去产能影响；重污染（不包括钢铁）上市公司较少受到去产能影响，较多受到

---

① 本章尝试过以钢铁行业上市公司作为处理组，非钢铁的重污染行业上市公司作为对照组，使用双重差分法估计去产能的生产率效应。但在平行趋势检验阶段，我们发现钢铁行业和非钢铁重污染行业上市公司的生产率指标不满足平行趋势，所以双重差分法不适用。

② 本章下文将工业二位代码中的"黑色金属冶炼及压延加工业"简称为钢铁行业。

环保督察影响；钢铁行业则同时较大受到去产能和环保督察影响。因此，在评价钢铁行业去产能的生产率效应时，我们倾向于在重污染行业中寻找对照组，以此在一定程度上剔除环保督察的混杂效果。

不同于双重差分法的政策效应研究，合成控制法对对照组的选择相对敏感，其要求处理组和对照组更加同质。但越同质的对照组代表越少的对照组样本数量，因此我们需要在对照组的样本数量与对照组和处理组的同质性之间进行权衡。为了消除选择任何一种设定的敏感性问题，本章分别采用两类对照组来得到相对稳健的去产能政策效果。

为了尽可能地保证处理组和对照组的样本同质性，同时在一定程度上增加处理组的样本数量，本章设定小样本对照组。显然，在工业二位代码行业中，"有色金属冶炼及压延加工业"与钢铁行业的样本同质性最强。因此，本章将"有色金属冶炼及压延加工业"中的上市公司设定为小样本对照组，其中包括 27 个上市公司。

另外，为了尽可能地增加对照组的样本数量，同时保证一定程度的处理组和对照组的样本同质性，本章还设定了大样本对照组。考虑到行业同质性，本章将"有色金属冶炼及压延加工业"和"化学原料和化学制品制造业"中的上市公司设定为大样本对照组，其中包括 103 个上市公司。① 大样本对照组的样本数量是小样本对照组的 4 倍左右，对照组样本数量更多。但大样本对照组额外包含了76 个"化学原料和化学制品制造业"上市公司，其与钢铁行业的同质性相对更低。

需要说明的是，我国重工业类制造业均存在一定程度的产能过剩问题，本章选取的"有色金属冶炼及压延加工业"和"化学原料和化学制品制造业"对照组也可能受到去产能影响，从而可能影响本章的估计结果。但是不同于随机对照试验（RCT），"准自然实验"难以做到最完美的实验设计，在去产能大背景下，我们很难找到完全不受去产能影响的纯净对照组。但从统计局公布的规模以上企业单位数来看（见表 5-1），"有色金属冶炼及压延加工业"和"化学原料和化学制品制造业"在 2016～2018 年企业单位数下降较少，其中还包括环保督察的影响，而钢铁行业 2016～2018 年企业单位数下降幅度较大。对比来看，以"有

---

① 小样本对照组和大样本对照组具体包括的上市公司名单见附录 18。

色金属冶炼及压延加工业"和"化学原料和化学制品制造业"作为对照组的研究设计存在一定的合理性，可以认为这两个工业行业相对于钢铁行业受到的去产能影响比较小。

表5-1　2012~2018年三个行业的规模以上单位数及变化率

单位数及变化率		2012 年	2013 年	2014 年	2015 年	2016 年	2017 年	2018 年
有色金属冶炼及压延加工业	单位数（家）	6746	7168	7236	7321	7176	7215	6942
	变化率（%）		6.26	0.95	1.17	-1.98	0.54	-3.78
化学原料和化学制品制造业	单位数（家）	23082	24211	24522	24968	24941	24869	23513
	变化率（%）		4.89	1.28	1.28	-0.11	-0.29	-5.45
钢铁行业	单位数（家）	11031	11034	10564	10071	9224	8545	5138
	变化率（%）		0.03	-4.26	-4.67	-8.41	-7.36	-39.87

资料来源：作者计算。

（三）处理组选取

由于本章目的是研究去产能对钢铁行业的生产率效应，显然处理组是钢铁行业上市公司。但不同于双重差分法，合成控制法每次只能评估一个处理组样本的政策效果。因此，在处理组样本数量较少的研究中，部分学者对每个处理组逐一进行合成控制法分析，也有学者先把所有处理组合成为一个处理组，然后对其进行合成控制法分析。第一种方法可以更好地观测到各个处理组样本的政策效应差异情况并将其与样本的特征结合分析，第二种方法可以更好地观测到处理组样本总体情况的政策效应。为了更好地反映上市公司钢铁行业整体情况，本章将10家钢铁行业上市公司平均合成为一个样本，称为"钢铁平均"样本[1]，以钢铁平均样本作为处理组进行去产能的生产率效应分析。

---

① 对于绝对值类型财务数据，"钢铁平均"样本为10家钢铁上市公司的平均值。对于比例类型财务数据，"钢铁平均"样本为10家钢铁上市公司的总和的比例数据。以劳动生产率和资产负债率为例，钢铁平均样本的劳动生产率=（10家钢铁上市公司的增加值总和）/（10家钢铁上市公司的就业人数总和），钢铁平均样本的资产负债率=（10家钢铁上市公司的负债总和）/（10家钢铁上市公司的资产总和）。对于对数类型财务数据，"钢铁平均"样本为10家钢铁上市公司的总和的对数，以总资产对数为例，钢铁平均样本的总资产对数=ln（10家钢铁上市公司的资产总和）。

第三节 "钢铁平均"样本的生产率效应结果

一、小样本对照组中的生产率效应分析

(一)生产率效应的合成控制法结果

基于上述研究设计,表5-2汇报了基于小样本对照组的"钢铁平均"样本的生产率水平实际值、合成值和政策效应结果①,图5-1汇报了基于小样本处理组的"钢铁平均"样本的生产率水平实际值与反事实合成值,图5-2汇报了基于小样本处理组的去产能、生产率效应。

表5-2 基于小样本对照组"钢铁平均"样本的生产率水平实际值、合成值和政策效应

类型	劳动生产率对数							
年份	2010	2011	2012	2013	2014	2015	2016	2017
实际值	12.78	12.53	12.33	12.59	12.77	12.40	13.14	13.34
合成值	12.63	12.61	12.37	12.57	12.63	12.45	12.54	12.19
政策效应	0.15	-0.08	-0.04	0.02	0.14	-0.05	0.60	1.15

类型	劳动生产率							
年份	2010	2011	2012	2013	2014	2015	2016	2017
实际值(元/人)	354959	277366	225477	293260	351284	242092	509103	620205
合成值(元/人)	313238	303736	239587	283532	317028	263223	284157	235299
政策效应(元/人)	41721	-26370	-14110	9728	34256	-21131	224946	384906

类型	劳均利润							
年份	2010	2011	2012	2013	2014	2015	2016	2017
实际值(元/人)	114379	65130	5043	47733	52079	-93095	107725	243777
合成值(元/人)	94235	72573	23930	43126	38514	-86587	4834	67751
政策效应(元/人)	20144	-7443	-18887	4607	13566	-6508	102890	176026

---

① 小样本对照组中的样本权重见附录19。

续表

类型	TFP_OP							
年份	2010	2011	2012	2013	2014	2015	2016	2017
实际值	11.99	11.74	11.58	11.81	11.99	11.59	12.29	12.52
合成值	11.79	11.89	11.69	11.82	11.82	11.57	11.76	11.72
政策效应	0.20	−0.15	−0.11	−0.01	0.17	0.02	0.53	0.80
类型	TFP_LP							
年份	2010	2011	2012	2013	2014	2015	2016	2017
实际值	12.23	11.99	11.84	12.07	12.23	11.81	12.50	12.72
合成值	12.02	12.11	11.89	12.09	12.16	11.84	12.12	12.01
政策效应	0.21	−0.12	−0.04	−0.02	0.07	−0.03	0.38	0.71

资料来源：笔者计算。

2010~2015年，"钢铁平均"样本各类生产率水平的实际值均在2010~2012年呈现下降趋势，在2013~2014年呈现上升趋势，在2014~2015年呈现下降趋势。同时，合成控制法得出的"钢铁平均"样本的反事实合成值大部分也呈现同样趋势，2010~2015年合成值和实际值的差异较小。可以认为，合成控制法较好地合成出了"钢铁平均"样本的反事实情况。

2016~2017年，"钢铁平均"样本各类生产率水平的实际值逐年大幅度提高，同时反事实合成值也出现一定程度的提高，实际值与反事实合成值的差额可以认为是政策效应。

从政策效应来看，劳动生产率对数的政策效应相对于2010~2015年最高的0.15，在2016~2017年分别达到了0.60和1.15；劳动生产率的政策效应相对于2010~2015年最高的41721元/人，在2016~2017年分别达到了224946元/人和384906元/人；劳均利润的政策效应相对于2010~2015年最高的20144元/人，在2016~2017年分别达到了102890元/人和176026元/人；TFP_OP的政策效应相对于2010~2015年最高的0.20，在2016~2017年分别达到了0.53和0.80；TFP_LP的政策效应相对于2010~2015年最高的0.21，在2016~2017年分别达到了0.38和0.71。

综合来看，通过2010~2015年与2016~2017年不同期间的数据，比较"钢铁平均"样本的各类生产率实际值与基于合成控制法的反事实合成值，本章认为

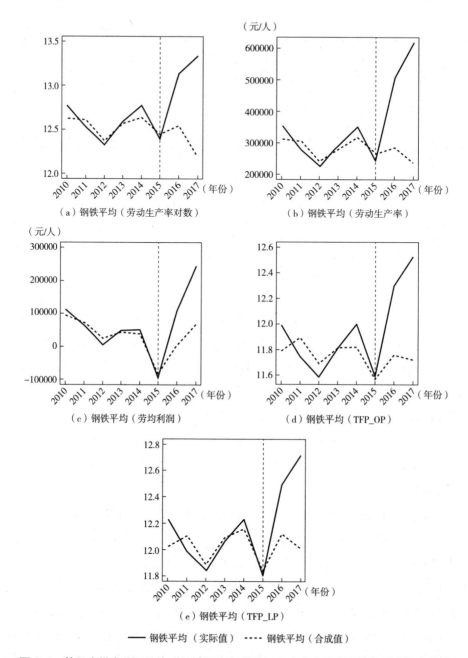

（a）钢铁平均（劳动生产率对数）

（b）钢铁平均（劳动生产率）

（c）钢铁平均（劳均利润）

（d）钢铁平均（TFP_OP）

（e）钢铁平均（TFP_LP）

—— 钢铁平均（实际值）　---- 钢铁平均（合成值）

图 5-1　基于小样本处理组的"钢铁平均"样本的生产率水平实际值与反事实合成值

注：图中实线折线是"钢铁平均"样本的生产率水平实际值，虚线折线是小样本对照组中上市公司根据合成控制法合成所得的"钢铁平均"样本的反事实合成值。图中垂直虚线是年份＝2015 年，垂直虚线左侧区域是 2010~2015 年去产能政策实施之前，右侧区域是 2016~2017 年去产能政策实施之后。

资料来源：笔者计算。

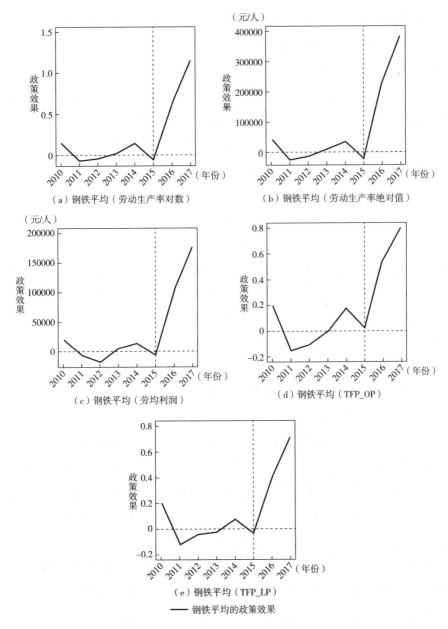

图 5-2　基于小样本处理组的去产能生产率效应

注：图中实线折线是"钢铁平均"样本的各类生产率水平实际值与合成值的差值，即去产能政策的生产率效应。图中垂直虚线是年份=2015年，垂直虚线左侧区域是2010~2015年去产能政策实施之前，右侧区域是2016~2017年去产能政策实施之后。图中水平虚线是政策效应=0，水平虚线上方区域是政策效果大于0，下方区域是政策效果小于0。

资料来源：笔者计算。

基于小样本对照组，去产能对钢铁行业上市公司存在一定程度的生产率效应。

（二）生产率效应的稳健性检验

上述结果仅为去产能生产率效应的点估计，其是否在统计上显著仍需检验。不同于双重差分法，Abadie 等（2010）认为在使用合成控制法的对照组较少的比较案例分析中，不适合采用大样本理论进行统计推断。为此，Abadie 等（2010）提出使用"安慰剂检验"对合成控制法的结果进行统计推断，其思想类似于"置换检验"，本书在第四章也曾采用该方法进行环保督察政策效应的稳健性检验。

具体到本章的去产能生产率效应，上文得到的点估计结果确实能说明去产能带来了"钢铁平均"与合成样本之间的生产率水平差异，问题在于该差异是否显著。为此，我们使用置换检验进行统计推断，置换检验的具体操作如下：将钢铁行业放入对照组中，假设对照组中其他的任何一个样本作为处理组，以此进行合成控制法的生产率效应评估，估计结果就是该安慰剂样本的去产能生产率效应。在样本量较小的情况下，我们可以将所有对照组中的样本都分别进行安慰剂检验[1]，最终可以获得所有安慰剂样本和钢铁样本的去产能生产率效应分布情况。那么利用生产率效应分布情况和实际钢铁样本的去产能生产率效应，本章可以对钢铁行业的去产能生产率效应进行统计推断。

Abadie 等（2010）提到在构建生产率效应分布时，部分政策实施前拟合情况较差的安慰剂样本的生产率效应结果需要剔除。其原因在于，如果 2016 年去产能之前，实际样本和合成样本的拟合效果较差，合成样本就不能作为实际样本的反事实情况，那么去产能实施后的生产率效应就是不可靠的。其中拟合效果用均方预测误差（MSPE）表示，一般我们将是否大于 N 倍政策实施前实际钢铁样本的 MSPE 作为拟合效果界限。为了保证结果的稳健性，本章分别对所有倍数 MSPE、5 倍内 MSPE、10 倍内 MSPE、20 倍内 MSPE、50 倍内 MSPE、100 倍内 MSPE 的安慰剂样本进行去产能生产率效应的统计推断分析。

1. 劳动生产率对数的置换检验

图 5-3 汇报了基于小样本对照组的劳动生产率对数置换检验。从图 5-3 中可

---

① 如果对照组中样本数量过大，则可以通过抽取 K 个样本来构造处理效应的分布，而不用抽取所有样本，其中 K 一般需要较大数值。

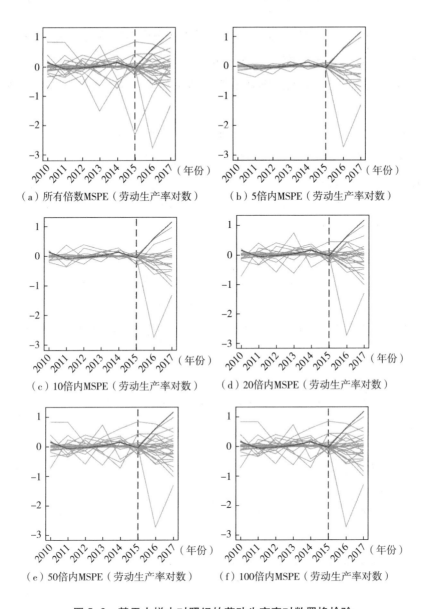

（a）所有倍数MSPE（劳动生产率对数）　　（b）5倍内MSPE（劳动生产率对数）

（c）10倍内MSPE（劳动生产率对数）　　（d）20倍内MSPE（劳动生产率对数）

（e）50倍内MSPE（劳动生产率对数）　　（f）100倍内MSPE（劳动生产率对数）

图5-3　基于小样本对照组的劳动生产率对数置换检验

注：图中较深颜色的折线是钢铁实际的生产率效应，较浅颜色的折线是其他27个安慰剂样本的生产率效应；垂直虚线是时间=2015年，其左侧为去产能实施前，其右侧为去产能实施后。从左上到右下分别是所有倍数MSPE、5倍内MSPE、10倍内MSPE、20倍内MSPE、50倍内MSPE、100倍内MSPE的安慰剂样本的生产率效应结果。下同。

资料来源：笔者计算。

知，越严格的拟合效果界限可以使对照组样本在去产能之前更加准确地拟合出安慰剂处理组样本，但是会牺牲有效样本量。从图可以看出，无论设定哪一种拟合效果界限，我们均可以发现"钢铁平均"实际样本的生产率效应是在分布中较显著的。

为了更准确地描述统计推断结果，我们将所有样本的生产率效应在 2016 年和 2017 年取平均值，并进行从大到小排序，我们可以得到以下结论（见表 5-3）：所有倍数 MSPE 总共 28 个样本，"钢铁平均"实际生产率效应排第 1 名，P 值为 0.04；[1] 5 倍内 MSPE 总共 17 个样本，"钢铁平均"实际生产率效应排第 1 名，P 值为 0.06；10 倍内 MSPE 总共 20 个样本，"钢铁平均"实际生产率效应排第 1 名，P 值为 0.05；20 倍内 MSPE 总共 24 个样本，"钢铁平均"实际生产率效应排第 1 名，P 值为 0.04；50 倍内 MSPE 总共 27 个样本，"钢铁平均"实际生产率效应排第 1 名，P 值为 0.04；100 倍内 MSPE 总共 27 个样本，"钢铁平均"实际生产率效应排第 1 名，P 值为 0.04。综合来看，去产能显著促进了钢铁行业的劳动生产率对数且结果是稳健的。

表 5-3　基于劳动生产率对数的生产率效应置换检验统计推断

拟合效果界限	总样本数	"钢铁平均"的政策效应排名	P 值
所有倍数 MSPE	28	1	0.04
5 倍内 MSPE	17	1	0.06
10 倍内 MSPE	20	1	0.05
20 倍内 MSPE	24	1	0.04
50 倍内 MSPE	27	1	0.04
100 倍内 MSPE	27	1	0.04

资料来源：笔者计算。

2. 劳动生产率绝对值的置换检验

图 5-4 和表 5-4 汇报了基于小样本对照组的劳动生产率绝对值的置换检验和统计推断结果。类似于劳动生产率对数情况，劳动生产率绝对值的置换检验统计推断也均是排名第一，并均在 5% 水平上显著。也就是说，去产能显著促进了钢

---

①　这里的 P 值＝钢铁实际排名/总样本数量。

铁行业的劳动生产率绝对值且结果是稳健的。

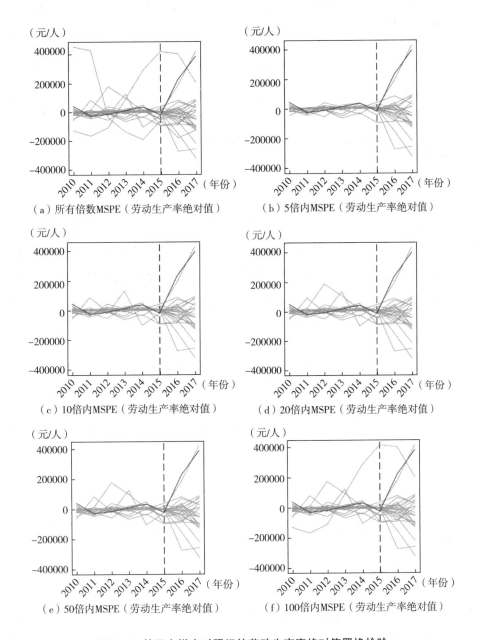

（a）所有倍数MSPE（劳动生产率绝对值）　　（b）5倍内MSPE（劳动生产率绝对值）

（c）10倍内MSPE（劳动生产率绝对值）　　（d）20倍内MSPE（劳动生产率绝对值）

（e）50倍内MSPE（劳动生产率绝对值）　　（f）100倍内MSPE（劳动生产率绝对值）

图5-4　基于小样本对照组的劳动生产率绝对值置换检验

资料来源：笔者计算。

表5-4　基于劳动生产率绝对值的生产率效应置换检验统计推断

拟合效果界限	总样本数	"钢铁平均"的政策效应排名	P值
所有倍数 MSPE	28	1	0.04
5倍内 MSPE	23	1	0.04
10倍内 MSPE	25	1	0.04
20倍内 MSPE	26	1	0.04
50倍内 MSPE	26	1	0.04
100倍内 MSPE	27	1	0.04

资料来源：笔者计算。

3. 劳均利润的置换检验

图5-5和表5-5汇报了基于小样本对照组的劳均利润的置换检验和统计推断结果。虽然对于所有样本的P值为0.11，但我们可以从图5-5（a）看出，有一个拟合效果极差的样本混杂在其中，因此，我们主要以其他倍数情况为主。在其他倍数的统计推断中，劳均利润效应均在10%水平上显著。也就是说，去产能显著促进了钢铁行业的劳均利润且结果是稳健的。

表5-5　基于劳均利润的生产率效应置换检验统计推断

拟合效果界限	总样本数	"钢铁平均"的政策效应排名	P值
所有倍数 MSPE	28	3	0.11
5倍内 MSPE	23	2	0.09
10倍内 MSPE	26	2	0.08
20倍内 MSPE	26	2	0.08
50倍内 MSPE	26	2	0.08
100倍内 MSPE	26	2	0.08

资料来源：笔者计算。

4. TFP_OP 的置换检验

图5-6和表5-6汇报了基于小样本对照组的 TFP_OP 的置换检验和统计推断结果。可以看出，TFP_OP 的置换检验统计推断均是排名第二，并均在10%水平上显著。也就是说，去产能显著促进了钢铁行业的 TFP_OP 且结果是稳健的。

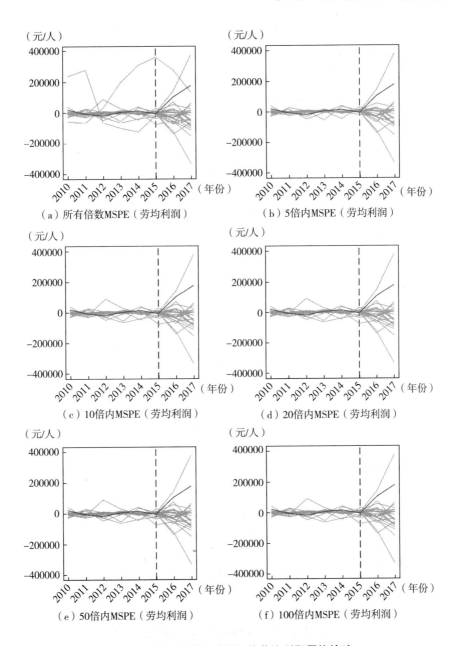

图 5-5 基于小样本对照组的劳均利润置换检验

资料来源：笔者计算。

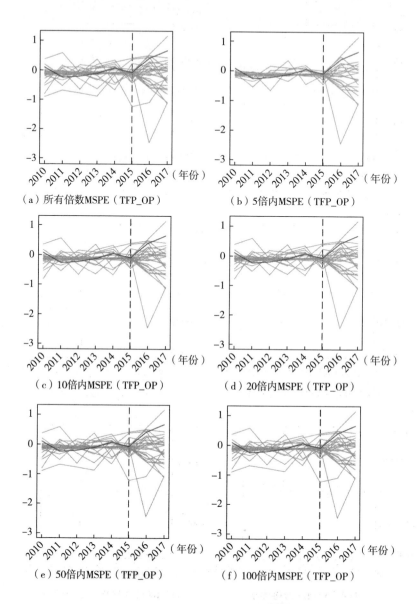

图 5-6 基于小样本对照组的 TFP_OP 置换检验

资料来源：笔者计算。

表 5-6　基于 TFP_OP 的生产率效应置换检验统计推断

拟合效果界限	总样本数	"钢铁平均"的政策效应排名	P 值
所有倍数 MSPE	28	2	0.07
5 倍内 MSPE	21	2	0.10
10 倍内 MSPE	27	2	0.07
20 倍内 MSPE	27	2	0.07
50 倍内 MSPE	28	2	0.07
100 倍内 MSPE	28	2	0.07

资料来源：笔者计算。

5. TFP_LP 的置换检验

图 5-7 和表 5-7 汇报了基于小样本对照组的 TFP_LP 的置换检验和统计推断结果。可以看出，TFP_LP 的置换检验统计推断也均是排名第二，并总体在 10% 水平上显著。[①] 也就是说，去产能显著促进了钢铁行业的 TFP_LP 且结果是稳健的。

表 5-7　基于 TFP_LP 的生产率效应置换检验统计推断

拟合效果界限	总样本数	"钢铁平均"的政策效应排名	P 值
所有倍数 MSPE	28	2	0.07
5 倍内 MSPE	18	2	0.11
10 倍内 MSPE	24	2	0.08
20 倍内 MSPE	27	2	0.07
50 倍内 MSPE	27	2	0.07
100 倍内 MSPE	28	2	0.07

资料来源：笔者计算。

6. 置换检验综合结果

综合考虑以上劳动生产率对数、劳动生产率绝对值、劳均利润、TFP_OP、TFP_LP 的各类生产率水平的置换检验与统计推断结果，我们得到了相对于点估计更加完善的结论。综合来看，我们认为去产能的生产率效应是显著且稳健的。

---

① 5 倍内 MSPE 虽然仅在 0.11 上显著，但其原因主要是样本总量相对其他情况较少，而不是排名相对于其他情况下降。

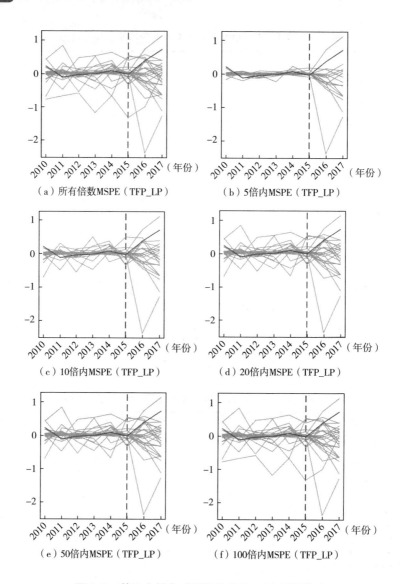

（a）所有倍数MSPE（TFP_LP） （b）5倍内MSPE（TFP_LP）

（c）10倍内MSPE（TFP_LP） （d）20倍内MSPE（TFP_LP）

（e）50倍内MSPE（TFP_LP） （f）100倍内MSPE（TFP_LP）

图 5-7　基于小样本对照组的 TFP_ LP 置换检验

资料来源：笔者计算。

二、大样本对照组中的生产率效应结果

（一）生产率效应的合成控制法结果

为了尽可能地增加对照组的样本数量，同时保证一定程度的处理组和对照组的样本同质性，本章还从大样本对照组中进行了去产能政策效应评估。大样本对

照组可以让合成后的反事实"钢铁平均"与实际值更加贴合。具体来看，本章将"有色金属冶炼及压延加工业"和"化学原料和化学制品制造业"中 103 个上市公司设定为大样本对照组。

基于上述研究设计，表 5-8 汇报了基于大样本对照组的"钢铁平均"样本的生产率水平实际值、合成值和政策效应结果①，图 5-8 汇报了基于大样本处理组的"钢铁平均"样本的生产率水平实际值与反事实合成值，图 5-9 汇报了基于大样本处理组的去产能生产率效应。

表 5-8 基于大样本对照组"钢铁平均"样本的生产率水平实际值、合成值和政策效应

类型	劳动生产率对数							
年份	2010	2011	2012	2013	2014	2015	2016	2017
实际值	12.78	12.53	12.33	12.59	12.77	12.40	13.14	13.34
合成值	12.74	12.50	12.29	12.55	12.73	12.36	12.74	12.93
政策效应	0.04	0.03	0.04	0.04	0.04	0.04	0.40	0.41
类型	劳动生产率绝对值（元/人）							
年份	2010	2011	2012	2013	2014	2015	2016	2017
实际值	354959	277366	225477	293260	351284	242092	509103	620205
合成值	354880	277472	225384	292989	351282	242070	335077	386604
政策效应	79	−106	93	271	2	22	174026	233601
类型	劳均利润（元/人）							
年份	2010	2011	2012	2013	2014	2015	2016	2017
实际值	114379	65130	5043	47733	52079	−93095	107725	243777
合成值	111696	66466	9279	46612	48120	−90399	11113	112765
政策效应	2683	−1336	−4236	1121	3959	−2695	96612	131012
类型	TFP_OP							
年份	2010	2011	2012	2013	2014	2015	2016	2017
实际值	11.99	11.74	11.58	11.81	11.99	11.59	12.29	12.52
合成值	11.92	11.79	11.65	11.80	11.94	11.63	12.18	12.31
政策效应	0.07	−0.05	−0.07	0.01	0.05	−0.04	0.11	0.21
类型	TFP_LP							
年份	2010	2011	2012	2013	2014	2015	2016	2017
实际值	12.23	11.99	11.84	12.07	12.23	11.81	12.50	12.72
合成值	12.20	12.02	11.89	12.06	12.21	11.84	12.11	12.39
政策效应	0.03	−0.03	−0.05	0.01	0.02	−0.03	0.39	0.33

注：表中的政策效应是实际值与合成值的差额。

资料来源：笔者计算。

---

① 大样本对照组中的样本权重见附录 20。

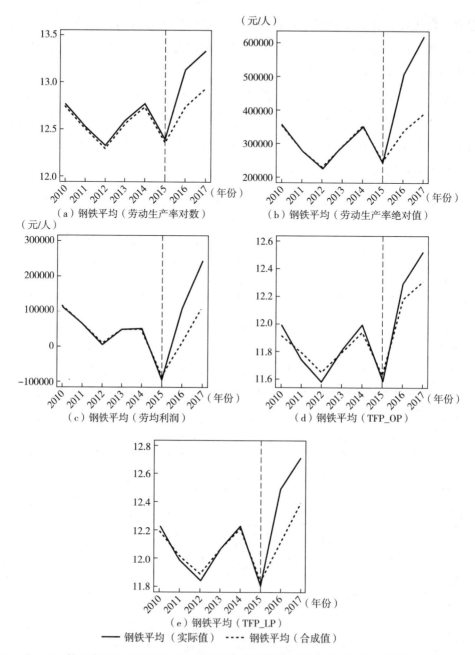

图 5-8 基于大样本处理组的"钢铁平均"样本的生产率水平实际值与反事实合成值

注：图中实线折线是"钢铁平均"样本的生产率水平实际值，虚线折线是大样本对照组中上市公司根据合成控制法合成所得的"钢铁平均"样本的反事实合成值。图中垂直虚线是年份=2015年，垂直虚线左侧区域是2010~2015年去产能实施之前，右侧区域是2016~2017年去产能实施之后。

资料来源：笔者计算。

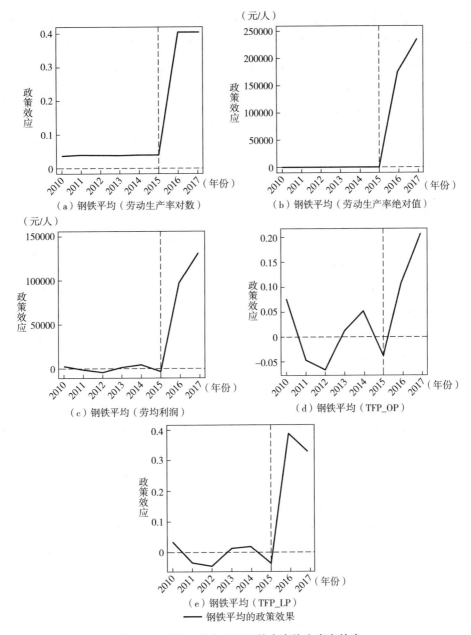

图 5-9 基于大样本处理组的去产能生产率效应

注：图中实线折线是"钢铁平均"样本的各类生产率水平实际值与合成值的差值，即去产能政策的生产率效应。图中垂直虚线是年份=2015年，垂直虚线左侧区域是2010~2015年去产能实施之前，右侧区域是2016~2017年去产能实施之后。图中水平虚线是政策效应=0，水平虚线上方区域是政策效果大于0，下方区域是政策效果小于0。

资料来源：笔者计算。

2010~2015 年，"钢铁平均"样本各类生产率水平的实际值均在 2010~2012 年呈现下降趋势，在 2012~2014 年呈现上升趋势，在 2014~2015 年呈现下降趋势。同时，合成控制法得出的"钢铁平均"样本的反事实合成值也出现了同样趋势，2010~2015 年合成值和实际值的差异较小。可以认为，合成控制法较好地合成出了"钢铁平均"样本的反事实情况。

2016~2017 年，"钢铁平均"样本各类生产率水平的实际值逐年大幅度提高，同时反事实合成值也出现一定程度的提高，实际值与反事实合成值的差额可以认为是政策效应。

从政策效应来看，劳动生产率对数的政策效应相对于 2010~2015 年最高的 0.04，在 2016~2017 年分别达到了 0.40 和 0.41；劳动生产率绝对值的政策效应相对于 2010~2015 年最高的 270 元/人，在 2016~2017 年分别达到了 174026 元/人和 233601 元/人；劳均利润的政策效应相对于 2010~2015 年最高的 3959 元/人，在 2016~2017 年分别达到了 96612 元/人和 131012 元/人；TFP_OP 的政策效应相对于 2010~2015 年最高的 0.07，在 2016~2017 年分别达到了 0.11 和 0.21；TFP_LP 的政策效应相对于 2010~2015 年最高的 0.03，在 2016~2017 年分别达到了 0.39 和 0.33。

综合来看，通过比较 2010~2015 年与 2016~2017 年不同期间，比较"钢铁平均"样本的各类生产率实际值与基于合成控制法的反事实合成值，本章认为基于大样本对照组，去产能对钢铁产业上市公司仍然存在一定程度的生产率效应。

（二）生产率效应的稳健性检验

同样，本章对基于大样本处理的去产能生产率效应进行置换检验并进行统计推断分析。类似地，本章分别对所有倍数 MSPE、5 倍内 MSPE、10 倍内 MSPE、20 倍内 MSPE、50 倍内 MSPE、100 倍内 MSPE 的安慰剂样本进行去产能生产率效应的统计推断分析。

1. 劳动生产率对数的置换检验

图 5-10 汇报了基于大样本对照组的劳动生产率对数置换检验。从图 5-10 可知，越严格的拟合效果界限可以使对照组样本在去产能之前更加准确地拟合出安慰剂处理组样本，但是会牺牲有效样本量。从图 5-10 中可以看出，无论设定哪一种拟合效果界限，我们均可以发现"钢铁平均"实际样本的生产率效应是在分布中较显著的。

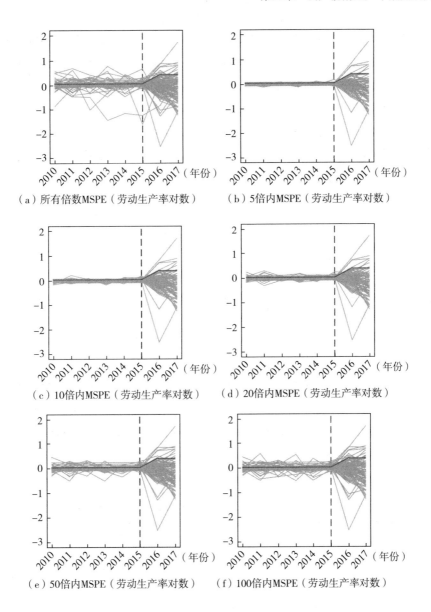

（a）所有倍数MSPE（劳动生产率对数）　　（b）5倍内MSPE（劳动生产率对数）

（c）10倍内MSPE（劳动生产率对数）　　（d）20倍内MSPE（劳动生产率对数）

（e）50倍内MSPE（劳动生产率对数）　　（f）100倍内MSPE（劳动生产率对数）

图5-10　基于大样本对照组的劳动生产率对数置换检验

注：图中较深颜色的折线是钢铁实际的生产率效应，较浅颜色的折线是其他103个安慰剂样本的生产率效应；垂直虚线是时间＝2015年，其左侧为去产能实施前，其右侧为去产能实施后。从左上到右下分别是所有倍数MSPE、5倍内MSPE、10倍内MSPE、20倍内MSPE、50倍内MSPE、100倍内MSPE的安慰剂样本的生产率效应结果。下同。

资料来源：笔者计算。

表5-9汇报了基于大样本对照组的劳动生产率对数的统计推断结果。劳动生产率对数的置换检验统计推断均在10%水平上显著。也就是说，在大样本对照组的基础上，去产能显著促进了钢铁行业的劳动生产率对数且结果是稳健的。

表5-9　基于劳动生产率对数的生产率效应置换检验统计推断

拟合效果界限	总样本数	"钢铁平均"的政策效应排名	P 值
所有倍数 MSPE	104	8	0.08
5 倍内 MSPE	73	7	0.10
10 倍内 MSPE	80	7	0.09
20 倍内 MSPE	86	7	0.08
50 倍内 MSPE	95	8	0.08
100 倍内 MSPE	99	8	0.08

资料来源：笔者计算。

2. 劳动生产率绝对值的置换检验

图5-11和表5-10汇报了基于大样本对照组的劳动生产率绝对值的置换检验和统计推断结果。劳动生产率绝对值的置换检验统计推断均在10%左右水平上显著。[①] 也就是说，在大样本对照组的基础上，去产能显著促进了钢铁行业的劳动生产率且结果是稳健的。

表5-10　基于劳动生产率绝对值的生产率效应置换检验统计推断

拟合效果界限	总样本数	"钢铁平均"的政策效应排名	P 值
所有倍数 MSPE	104	9	0.09
5 倍内 MSPE	5	1	0.20
10 倍内 MSPE	9	1	0.11
20 倍内 MSPE	15	2	0.13
50 倍内 MSPE	27	3	0.11
100 倍内 MSPE	34	3	0.09

资料来源：笔者计算。

---

① 因为这里的"钢铁平均"拟合情况过于完美，即"钢铁平均"的 MSPE 很小。这会导致中、低倍率的 MSPE 也不能包括很多有效样本，此时，我们主要以 100 倍 MSPE 和所有样本的统计推断为主。

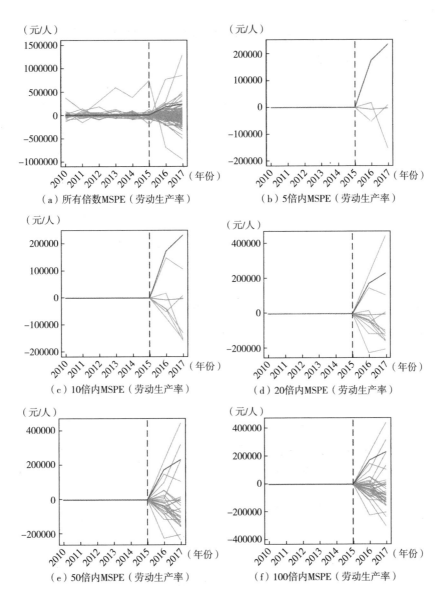

图5-11 基于大样本对照组的劳动生产率绝对值置换检验

资料来源：笔者计算。

3. 劳均利润的置换检验

图5-12和表5-11汇报了基于大样本对照组的劳均利润的置换检验和统计推断结果。从表5-11可以看出，对于100倍内及低于100倍内MSPE的安慰剂样本的P值在10%以下，而所有倍数MSPE的P值为11%，说明排名比"钢铁平

均"样本高的样本均在 100 倍外 MSPE。综合来看，去产能显著促进了钢铁行业的劳均利润且结果是稳健的。

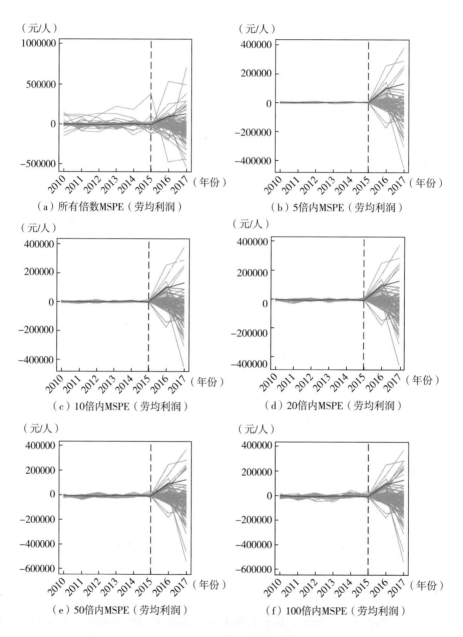

图 5-12　基于大样本对照组的劳均利润置换检验

资料来源：笔者计算。

表 5-11　基于劳均利润的生产率效应置换检验统计推断

拟合效果界限	总样本数	"钢铁平均"的政策效应排名	P 值
所有倍数 MSPE	104	11	0.11
5 倍内 MSPE	69	5	0.07
10 倍内 MSPE	75	5	0.07
20 倍内 MSPE	79	6	0.08
50 倍内 MSPE	86	7	0.08
100 倍内 MSPE	91	9	0.10

资料来源：笔者计算。

4. TFP_OP 的置换检验

图 5-13 和表 5-12 汇报了基于大样本对照组的 TFP_OP 的置换检验和统计推断结果。可以看出，TFP_OP 的置换检验统计推断的显著性水平仅在 30% 左右。综合来看，去产能并没有显著促进 TFP_OP。

表 5-12　基于 TFP_OP 的生产率效应置换检验统计推断

拟合效果界限	总样本数	"钢铁平均"的政策效应排名	P 值
所有倍数 MSPE	104	26	0.25
5 倍内 MSPE	80	18	0.23
10 倍内 MSPE	86	21	0.24
20 倍内 MSPE	92	24	0.26
50 倍内 MSPE	100	26	0.26
100 倍内 MSPE	103	26	0.25

资料来源：笔者计算。

5. TFP_LP 的置换检验

图 5-14 和表 5-13 汇报了基于大样本对照组的 TFP_LP 的置换检验和统计推断结果。可以看出，TFP_LP 的置换检验统计推断也均未达到 10%。也就是说，去产能并没有显著促进钢铁行业的 TFP_LP。

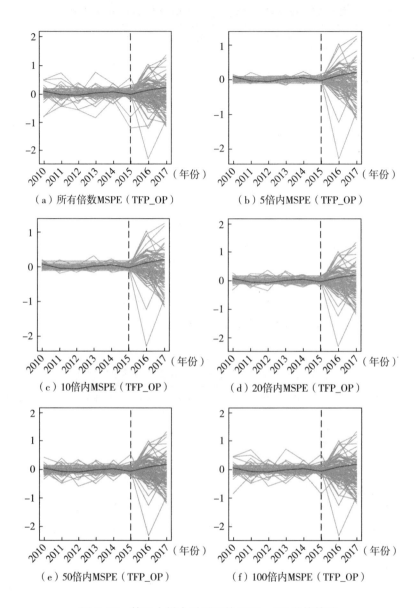

图5-13 基于大样本对照组的 TFP_ OP 置换检验

资料来源：笔者计算。

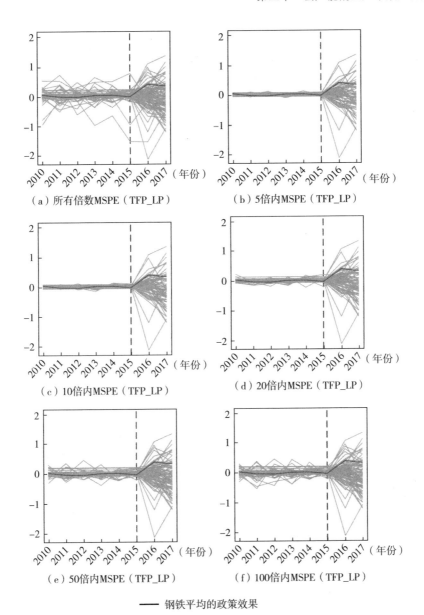

—— 钢铁平均的政策效果

图 5-14 基于大样本对照组的 TFP＿LP 置换检验

资料来源：笔者计算。

表 5-13 基于 TFP_LP 的生产率效应置换检验统计推断

拟合效果界限	总样本数	"钢铁平均"的政策效应排名	P 值
所有倍数	104	14	0.13
5 倍内 MSPE	71	10	0.14

续表

拟合效果界限	总样本数	"钢铁平均"的政策效应排名	P值
10 倍内 MSPE	75	10	0.13
20 倍内 MSPE	83	11	0.13
50 倍内 MSPE	93	13	0.14
100 倍内 MSPE	98	14	0.14

资料来源：笔者计算。

6. 置换检验综合结果

综合考虑以上劳动生产率对数、劳动生产率绝对值、劳均利润、TFP_OP、TFP_LP 的各类生产率水平的置换检验与统计推断结果，我们认为在大样本处理组的基础上，去产能显著提高了劳动生产率对数、劳动力生产率绝对值、劳均利润三个单要素生产率。而对于考虑资本投入的 TFP_OP 和 TFP_LP，去产能的生产率效应在所有倍数 MSPE、5 倍内 MSPE、10 倍内 MSPE、20 倍内 MSPE、50 倍内 MSPE、100 倍内 MSPE 样本中均没有出现 10% 以上显著的生产率效应。

三、去产能的生产率效应综合结果

上文利用合成控制法估计得到了去产能生产率效应的点估计值，并通过置换检验来获得点估计的统计推断结论。表 5-14 分别汇总了基于大样本对照组和小样本对照组的去产能生产率效应的点估计和统计推断结果。综合来看，去产能显著提高了钢铁行业上市公司的劳动生产率水平，但对于考虑资本投入的全要素生产率水平，去产能的生产率效应并不显著。

表5-14 去产能生产率效应的点估计及统计推断综合结果

类型	生产率水平类型		劳动生产率对数	劳动生产率绝对值	劳均利润	TFP_OP	TFP_LP
小样本对照组	去产能生产率效应		0.88	30.49	13.95	0.67	0.55
	所有倍数 MSPE	显著性水平	0.04	0.04	0.11	0.07	0.07
	5 倍内 MSPE		0.06	0.04	0.09	0.10	0.11
	10 倍内 MSPE		0.05	0.04	0.08	0.07	0.08
	20 倍内 MSPE		0.04	0.04	0.08	0.07	0.07
	50 倍内 MSPE		0.04	0.04	0.08	0.07	0.07
	100 倍内 MSPE		0.04	0.04	0.08	0.07	0.07
	平均		0.05**	0.04**	0.09*	0.08*	0.08*

类型	生产率水平类型		劳动生产率对数	劳动生产率绝对值	劳均利润	TFP_OP	TFP_LP
大样本对照组	去产能生产率效应	显著性水平	0.41	20.38	11.38	0.16	0.36
	所有倍数 MSPE		0.08	0.09	0.11	0.25	0.13
	5 倍内 MSPE		0.10	0.20	0.07	0.23	0.14
	10 倍内 MSPE		0.09	0.11	0.07	0.24	0.13
	20 倍内 MSPE		0.08	0.13	0.08	0.26	0.13
	50 倍内 MSPE		0.08	0.11	0.08	0.26	0.14
	100 倍内 MSPE		0.08	0.09	0.10	0.25	0.14
	平均		0.09 *	0.12	0.09 *	0.25	0.14

注：表中的生产率效应为 2016 年和 2017 年生产率效应的平均值。劳动生产率绝对值和劳均利润去产能生产率效应的单位为万元/人。

资料来源：笔者计算。

为什么去产能显著促进劳动生产率却未显著促进全要素生产率？从两类生产率的计算过程分析，显而易见，其原因可能是去产能并没有使钢铁行业上市公司的固定资产下降，反而使其固定资产增加，从而导致本章没有识别到显著的全要素生产率效应。表 5-15 汇报了上市公司 10 个钢铁企业的投入产出指标，即"钢铁平均"样本的投入产出指标。可以看出，不与其他对照组对比的情况下，2016 年去产能后，10 个钢铁上市公司的增加值和净利润大幅度增长，员工总数在 2016 年小幅度下降，在 2017 年小幅度上升。然而，固定资产和总资产在2016 年和 2017 年的增长率大部分在 10% 左右（2016 年总资产增长率为 5.32%）。因此，我们可以把钢铁行业全要素生产率未显著增长的一部分原因归咎于去产能后钢铁上市公司的固定资产出现增长。

表 5-15 10 个钢铁上市公司的投入和产出平均情况

平均情况	2012 年	2013 年	2014 年	2015 年	2016 年	2017 年
固定资产（亿元）	210	233	242	285	325	364
增长率（%）		10.95	3.86	17.77	14.04	12.00
总资产（亿元）	538	585	605	639	673	776

续表

平均情况	2012 年	2013 年	2014 年	2015 年	2016 年	2017 年
增长率（%）		8.74	3.42	5.62	5.32	15.30
员工总数（人）	21306	20720	20392	19830	18936	20991
增长率（%）		-2.75	-1.58	-2.76	-4.51	10.85
劳均固定资产（万元/人）	99	112	119	144	171	174
增长率（%）		13.13	6.25	21.01	18.75	1.75
增加值（亿元）	51.1	60.8	66.8	37.3	76.8	133
增长率（%）		18.98	9.87	-44.16	105.90	73.18
净利润（亿元）	8.72	9.33	8.45	-5.24	13.98	42.87
增长率（%）		7.00	-9.43	-162.01	-366.79	206.65

资料来源：笔者计算。

考虑钢铁上市公司的固定资产情况，去产能带来的劳动生产率增长主要是因为效益提升，而全要素生产率并未显著增长是因为去产能并没有使钢铁上市公司的固定资产有所下降。可能的原因在于，钢铁龙头企业通过兼并重组其他中小钢铁企业，承接了部分产能，从而导致钢铁上市公司的固定资产有所增加。

从上市优质钢铁企业生产率回升的现象可以看出，去产能在一定程度上去除了低端、无效产能，提高了优质钢铁企业的劳动生产率，平衡了钢铁市场的供求关系。与此同时，作为优质企业代表的钢铁上市公司，通过兼并重组的方式，承接了一部分钢铁产能。这个现象说明对于这类拥有相对安全、清洁、高效、成本低优质产能的钢铁上市公司，其单个公司的产能可能是因为通过兼并重组适当扩大的，对此我们不能把去产能和"去产量"混为一谈。

本章认为去产能的政策效果不能仅仅局限于给钢铁行业带来短期利润大幅度提升。更严重的是，如果去产能仅带来了钢铁市场长时间供给短缺，钢价长期处于高位，那么其会对我国其他中下游制造业实体经济带来成本冲击，不利于中下游民营企业的发展。这不应该是去产能的目的所在。同时，去产能不能搞"一刀切"，而应该多使用市场化手段，促使钢铁行业为中下游行业提供高品质的产品。

本章小结

去产能对我国钢铁行业各方面的影响重大。本章主要研究了去产能政策能否提高钢铁行业的生产率水平从而促进钢铁行业转向高质量发展。本章利用上市公司"化学原料和化学制品制造业""有色金属冶炼及压延加工业"和钢铁行业数据，分别基于大样本对照组和小样本对照组，使用合成控制法识别了去产能对钢铁行业的生产率效应。基于上述实证结果，本章提出以下几点研究结论：

第一，去产能显著提高了钢铁行业上市公司的劳动生产率水平，使10家钢铁上市公司年均劳动生产率对数提高了40%~90%，劳动生产率绝对值提高了20万~30万元/人，劳均利润提高了11万~14万元/人，但去产能对10家钢铁上市公司的全要素生产率提升并不十分显著。

第二，本章发现去产能显著促进劳动生产率却未显著促进全要素生产率的原因是，2016年去产能后钢铁上市公司的固定资产增长速度并没有放缓，上市公司钢铁企业可能通过兼并重组其他中小钢铁企业，承接了部分产能，从而导致钢铁上市公司的固定资产有所增加。

第六章　结论、政策思路与展望

第一节　主要研究结论

本书核心内容为以下章节：环保督察的生产率效应、环保督察政策效果的稳健性分析、去产能的生产率效应研究。根据这些章节的研究结果，本书的主要结论可以概括为以下几点：

第一，识别了环保督察的生产率效应。为了识别环保督察的生产率效应，本书首先基于上市公司数据，设计了以重污染行业上市公司作为处理组，以非重污染上市公司作为对照组的研究框架，构建双重差分法政策识别模型，并对模型各个方面进行了详尽说明。其次，本书对总样本、重污染、非重污染上市公司的劳动生产率对数、劳动生产率绝对值、劳均利润、FE方法全要素生产率、LP方法全要素生产率、销售毛利率的相关年份均值进行了特征事实分析。通过分析相应的特征事实情况，对我国上市公司总样本、重污染和非重污染上市公司的生产率水平等情况有了大致的了解。再次，本书对2016年起实施的环保督察进行生产率效应评估，尝试识别出2016年起实施的环保督察对我国高污染行业转向高质量发展的促进作用，并进行了模型适用性分析。最后，本书进行了影响机制分析。以销售毛利率作为市场集中度的代理变量，检验了是否存在"环保督察—提高市场集中度—提高生产率"的传导机制。研究发现：①环保督察对重污染上市公司的生产率水平存在显著的促进作用。从生产率效应的大小来看，在控制了一系列固定效应和前定控制变量后，环保督察使重污染与非重污染上市公司的劳动生产率差异增加了11.2%，绝对值差异增加了3.11万元/人，劳均利润差异增加了2.83万元/人，全要素生产率TFP_LP和TFP_FE差异分别增加了0.075和0.082。②"环保督察—提高市场集中度（提高销售毛利率）—提高生产率水平"的传导机制是明显存在的。其中，对于劳动生产率对数、劳动生产率绝对值、劳均利润而言，环保督察50%以上的总政策效应是通过销售毛利率来传导的。对于全要素生产率而言，环保督察70%以上的总政策效应是通过销售毛利率来传导的。

第二，对环保督察生产率效应估计结果进行了充分的稳健性检验。本书从同质性、对照组受影响问题、基于近似置换检验的统计推断三个角度进行了稳健性讨论。研究发现：①从同质性问题来看，首先在包含重污染二级行业的一级行业的同质行业子样本中进行了生产率效应估计，发现同质行业中生产率效应仍然是稳健的。其次使用一对一近邻匹配（无放回）、一对一近邻匹配（有放回）、一对二近邻匹配、一对四近邻匹配、马氏距离匹配、加入倾向得分的马氏距离匹配六种匹配方法获得了同质公司子样本，在同质公司子样本中发现环保督察的生产率效应仍然是显著的。②从对照组受政策影响问题来看，本书首先发现原对照组确实也受到了环保督察的影响；其次尝试寻找更纯净的轻污染上市公司作为新对照组，并在新对照组和新处理组中估计了环保督察的生产率效应；最后为了克服传统DID中只能取值为0和1的政策分组虚拟变量的问题，使用连续型DID进行了环保督察的生产率效应估计，实证结果表明政策效应仍然是显著的。③从不对误差项施加假定的统计推断来看，本书还使用近似置换检验的方法，进行了999次随机化模拟获得了环保督察生产率效应的经验分布，发现不对误差项施加假设的情况下，各类生产率水平的政策效应仍然是稳健的。

第三，研究了去产能政策是否提高钢铁行业的生产率水平从而促进钢铁行业转向高质量发展。本书利用化学原料和化学制品制造业、有色金属冶炼及压延加工业和钢铁行业上市公司数据，分别基于大样本对照组和小样本对照组，使用合成控制法识别了去产能对钢铁行业的生产率效应。研究发现：①去产能显著提高了钢铁行业上市公司的劳动生产率水平，使10家钢铁上市公司的劳动生产率对数提高了40%~90%，劳动生产率绝对值提高了20万~30万元/人，劳均利润提高了11万~14万元/人，但去产能对10家钢铁上市公司的全要素生产率提升并不显著。②去产能显著促进劳动生产率却未显著促进全要素生产率的原因是，2016 年去产能后钢铁上市公司的固定资产增长速度并没有放缓，钢铁行业上市公司可能通过兼并重组其他中小钢铁企业，承接了部分产能，从而导致钢铁行业上市公司的固定资产有所增加。

第二节　相关政策思路

基于本书的研究结果，分别对环保督察、去产能提出针对性的政策思路。

一、针对环保督察的政策思路

第一，要坚持以环保政策推动经济高质量发展，把环保政策等纳入宏观政策取向一致性评估。从生产率效应估计结果来看，环保督察显著促进了高污染行业中的优质企业的生产率水平，说明环保督察和经济高质量发展并不相悖。环保督察需要对"散乱污"环保违规的企业进行依法整改、关停，将环境污染的"外部效应"内部化，倒逼环保不合规的落后企业逐渐整改或退出，从而改善部分高污染行业中存在的"劣币驱逐良币"现象，使合法排污、守法经营的企业成为受益者，从而以环保督察为推手，优化产业结构，促进高质量发展。

第二，环保督察执法要重视"竞争中性"原则。环保问题无关企业所有制和企业规模大小，环保督察执法力度不能以所有制或者企业规模为准则。对于环保违规的地方国有企业和大型企业，要打破环境治理中的地方保护主义，不能借机搞市场垄断。无论是国有、非国有企业，还是大型、中小型企业，环保督察都要依法依规、一视同仁。

第三，环保督察执法要杜绝"一刀切"现象。当前，一些因害怕问责而采取一律停工停业停产的做法，给环保督察带来了极坏的影响。在环保执法过程中，要做到以事实为依据，以法律为准绳，坚持一切从实际出发，依法办事。在环保督察整改过程中，要制订可行方案，坚持依法依规，加强政策配套，注重统筹推进，严格禁止地方出现的"一律关停""先停再说"等敷衍的做法，坚决避免紧急停工停产等简单粗暴的"一刀切"行为，坚决遏制地方"平常不作为、到时乱作为"的风气。

二、针对去产能的政策思路

第一，去产能要坚持运用市场化、法治化手段，淘汰落后产能，并要重视对僵尸企业的有效处理。通过淘汰落后产能、处理僵尸企业等手段释放出大量经济资源、产能空间和市场需求，从而优化社会资源配置。对于部分仍然适应市场需求、具有运营价值，但丧失偿债能力的企业，要综合运用企业重组、和解等市场化、法治化手段进行拯救。

第二，钢铁行业去产能不宜"一刀切"。去产能的目的是去除低端、无效的供给能力，增加有效供给，提高产能利用率。对于相对安全、清洁、高效、成本低的优质产能，去产能政策不宜搞行政命令简单化的"一刀切"，以此杜绝将去产能和"去产量"混为一谈的现象。

第三节　未来研究展望

本书围绕高质量发展这个重点，实证研究了环保督察对重污染行业上市公司高质量发展的影响、去产能对钢铁行业上市公司高质量发展的影响。由于笔者所学知识的局限性，本书相关理论和实证模型等内容仍然存在进一步拓展和改进的方面，包括但不限于以下几点：

第一，环保督察和去产能生产率效应的影响机制有待进一步研究。本书在环保督察和去产能的生产率效应研究中，仅对"环保督察—市场集中度—生产率"的传导机制进行了分析。未来对于环保督察和去产能的其他影响机制仍有待进一步研究。

第二，未来可以进一步利用规模以上工业企业数据，完善环保督察和去产能对所有工业企业的政策效应。受限于我国规模以上工业企业数据库时段不包括2016年及以后年份，本书第三章、第四章、第五章的环保督察和去产能生产率效应均是基于上市公司数据识别得到的优质企业政策效应。未来更长时段的规模以上工业企业数据公布后，可以完善环保督察和去产能对所有工业企业的政策效应，如可以研究环保督察和去产能对小微企业的生产率效应，还可以使用微观企业数据对"一刀切"问题展开分析。

第三，本书对于去产能政策仅进行了初步分析，未来可以深入探索更加精确的政策效应。由于囿于数据的可获得性，钢铁上市公司样本较少，本书只能采用适用于小样本分析的合成控制法进行生产率效应识别。未来依托工业企业数据库，获得大样本的钢铁企业数据后，可以对去产能的政策效应进行更深入的探索。

附　录

附录 1　劳动生产率绝对值、劳均利润、TFP_FE、TFP_LP 的假想政策效果

虚拟政策的劳动生产率绝对值政策效果

被解释变量	劳动生产率绝对值					
解释变量	模型 1	模型 2	模型 3	模型 4	模型 5	模型 6
假想政策 2010 年	0.379 (0.34)					
假想政策 2011 年		0.732 (0.72)				
假想政策 2012 年			0.140 (0.14)			
假想政策 2013 年				0.006 (0.01)		
假想政策 2014 年					0.096 (0.12)	
假想政策 2015 年						1.005 (1.18)
固定效应	控制	控制	控制	控制	控制	控制
R^2_within	0.000	0.000	0.000	0.000	0.000	0.000
观测值	7684	7684	7684	7684	7684	7684

资料来源：笔者计算。

虚拟政策的劳均利润政策效果

被解释变量	劳均利润					
解释变量	模型1	模型2	模型3	模型4	模型5	模型6
假想政策2010年	0.843 (1.19)					
假想政策2011年		0.845 (1.27)				
假想政策2012年			0.364 (0.63)			
假想政策2013年				0.023 (0.04)		
假想政策2014年					−0.065 (−0.13)	
假想政策2015年						0.087 (0.14)
固定效应	控制	控制	控制	控制	控制	控制
R^2_within	0.000	0.001	0.000	0.000	0.000	0.000
观测值	7810	7810	7810	7810	7810	7810

资料来源：笔者计算。

虚拟政策的 TFP_FE 政策效果

被解释变量	TFP_FE					
解释变量	模型1	模型2	模型3	模型4	模型5	模型6
假想政策2010年	−0.065 (−1.62)					
假想政策2011年		−0.052 (−1.42)				
假想政策2012年			−0.022 (−0.69)			
假想政策2013年				−0.020 (−0.67)		
假想政策2014年					−0.016 (−0.58)	

续表

被解释变量	TFP_FE					
解释变量	模型1	模型2	模型3	模型4	模型5	模型6
假想政策 2015 年						0.021
						(0.68)
固定效应	控制	控制	控制	控制	控制	控制
R^2_within	0.001	0.001	0.000	0.000	0.000	0.000
观测值	7329	7329	7329	7329	7329	7329

资料来源：笔者计算。

虚拟政策的 TFP_LP 政策效果

被解释变量	TFP_LP					
解释变量	模型1	模型2	模型3	模型4	模型5	模型6
假想政策 2010 年	−0.053					
	(−1.30)					
假想政策 2011 年		−0.039				
		(−1.07)				
假想政策 2012 年			−0.016			
			(−0.51)			
假想政策 2013 年				−0.017		
				(−0.59)		
假想政策 2014 年					−0.014	
					(−0.51)	
假想政策 2015 年						0.034
						(1.07)
固定效应	控制	控制	控制	控制	控制	控制
R^2_within	0.000	0.000	0.000	0.000	0.000	0.000
观测值	7329	7329	7329	7329	7329	7329

资料来源：笔者计算。

附录2 同质行业子样本内（二级行业）的平行趋势检验

被解释变量	劳动生产率对数	劳动生产率绝对值	劳均利润	TFP_FE	TFP_LP
	模型1	模型2	模型3	模型4	模型5
政策效应2010年	0.105	-0.912	-0.905	0.066	0.075
	(1.30)	(-0.59)	(-0.76)	(0.93)	(1.03)
政策效应2011年	0.029	0.587	0.416	-0.032	-0.006
	(0.32)	(0.30)	(0.31)	(-0.37)	(-0.06)
政策效应2012年	-0.030	-1.268	-0.085	-0.006	0.007
	(-0.30)	(-0.52)	(-0.04)	(-0.07)	(0.07)
政策效应2013年	0.024	0.648	1.081	0.010	0.023
	(0.23)	(0.18)	(0.55)	(0.10)	(0.23)
政策效应2014年	0.035	0.172	1.158	0.041	0.052
	(0.34)	(0.06)	(0.60)	(0.43)	(0.53)
政策效应2015年	0.128	4.006	2.822	0.071	0.111
	(1.10)	(1.30)	(1.53)	(0.71)	(1.08)
政策效应2016年	0.221*	6.663*	4.573**	0.108	0.149
	(1.77)	(1.75)	(2.11)	(1.03)	(1.37)
政策效应2017年	0.323**	8.079**	6.062***	0.201*	0.244**
	(2.36)	(2.09)	(2.81)	(1.77)	(2.08)
前定控制变量	控制	控制	控制	控制	控制
固定效应	控制	控制	控制	控制	控制
R^2_within	0.166	0.144	0.175	0.161	0.174
观测值	1897	1948	1953	1897	1897

资料来源：笔者计算。

附录3 一对一卡尺匹配（无放回）的平行趋势检验

被解释变量	劳动生产率对数	劳动生产率绝对值	劳均利润	TFP_FE	TFP_LP
	模型1	模型2	模型3	模型4	模型5
政策效应2010年	-0.066	-0.320	0.774	-0.083	-0.082
	(-1.06)	(-0.23)	(0.97)	(-1.39)	(-1.38)
政策效应2011年	-0.119	0.932	1.612	-0.143*	-0.138*
	(-1.52)	(0.51)	(1.50)	(-1.88)	(-1.79)

被解释变量	劳动生产率对数	劳动生产率绝对值	劳均利润	TFP_FE	TFP_LP
	模型1	模型2	模型3	模型4	模型5
政策效应2012年	−0.139*	−1.066	0.131	−0.110	−0.101
	(−1.81)	(−0.59)	(0.12)	(1.55)	(−1.39)
政策效应2013年	−0.109	−1.494	−0.141	−0.088	−0.081
	(−1.35)	(−0.84)	(−0.13)	(−1.21)	(−1.08)
政策效应2014年	−0.158*	−2.039	−0.263	−0.125*	−0.121
	(−1.94)	(−1.08)	(−0.23)	(−1.68)	(−1.60)
政策效应2015年	−0.112	−0.784	−0.514	−0.106	−0.094
	(−1.38)	(−0.42)	(−0.46)	(−1.48)	(−1.29)
政策效应2016年	−0.021	1.177	1.645	−0.026	−0.025
	(−0.25)	(0.55)	(1.25)	(−0.35)	(−0.32)
政策效应2017年	−0.031	2.382	3.125**	−0.050	−0.044
	(−0.34)	(1.01)	(2.07)	(−0.62)	(−0.53)
前定控制变量	控制	控制	控制	控制	控制
固定效应	控制	控制	控制	控制	控制
R^2_within	0.092	0.096	0.148	0.107	0.105
观测值	4938	5115	5139	4938	4938

资料来源：笔者计算。

附录4　一对一卡尺匹配（有放回）的协变量平衡情况

协变量	匹配前后	均值		标准化偏差（%）	标准化偏差缩减（%）	均值差异T检验		方差比率
		非重污染	重污染			t值	P值	
劳动生产率（万元/人）	匹配前	23.568	21.064	13.5	57.0	2.53	0.012	1.35*
	匹配后	23.640	22.565	5.8		0.94	0.349	1.23*
总资产净利率（%）	匹配前	3.933	3.607	5.9	100.0	1.10	0.271	1.42*
	匹配后	3.982	3.982	0.0		0.00	0.999	1.46*
销售毛利率（%）	匹配前	28.484	26.217	13.5	77.8	2.59	0.010	2.12*
	匹配后	28.704	28.195	3.0		0.49	0.626	1.82*
资本负债率（%）	匹配前	40.620	40.487	0.7	−314.3	0.12	0.901	1.20*
	匹配后	40.261	40.838	−2.9		−0.48	0.630	1.23*

续表

协变量	匹配前后	均值		标准化偏差（%）	标准化偏差缩减（%）	均值差异T检验		方差比率
		非重污染	重污染			t值	P值	
总资产对数（次）	匹配前	21.974	21.843	12.0	84.2	2.20	0.028	0.96
	匹配后	21.933	21.954	−1.9		−0.30	0.766	0.66*
固定资产周转率（%）	匹配前	2.926	4.432	−36.0	89.2	−6.34	0.000	0.40*
	匹配后	2.969	3.132	−3.9		−0.89	0.376	1.18
存货周转率（%）	匹配前	4.893	3.929	26.6	94.7	5.02	0.000	1.61*
	匹配后	4.810	4.760	1.4		0.19	0.847	0.76*
污染通报次数（次）	匹配前	1.081	0.294	39.9	44.4	8.02	0.000	7.78*
	匹配后	0.763	1.201	−22.2		−2.97	0.003	0.21*
研发投入占比（%）	匹配前	0.028	0.051	−45.1	90.0	−7.72	0.000	0.14*
	匹配后	0.028	0.030	−4.5		−1.56	0.119	1.29*

资料来源：笔者计算。

附录5 一对一（有放回）匹配方法的平行趋势检验

被解释变量	劳动生产率对数	劳动生产率绝对值	劳均利润	TFP_FE	TFP_LP
	模型1	模型2	模型3	模型4	模型5
政策效应2010年	0.040 (0.57)	1.528 (0.97)	1.741 (1.64)	−0.000 (−0.00)	0.009 (0.14)
政策效应2011年	−0.020 (−0.25)	0.910 (0.48)	1.207 (1.00)	−0.054 (−0.76)	−0.057 (−0.79)
政策效应2012年	−0.023 (−0.27)	−1.094 (−0.55)	−0.167 (−0.13)	−0.023 (−0.31)	−0.020 (−0.27)
政策效应2013年	−0.045 (−0.53)	−1.995 (−0.90)	−0.773 (−0.54)	−0.040 (−0.54)	−0.047 (−0.61)
政策效应2014年	−0.082 (−0.95)	−1.677 (−0.78)	−0.320 (−0.20)	−0.075 (−1.01)	−0.077 (−0.99)
政策效应2015年	−0.029 (−0.34)	−1.000 (−0.45)	−1.228 (−0.78)	−0.041 (−0.55)	−0.035 (−0.45)
政策效应2016年	0.070 (0.68)	0.534 (0.21)	1.099 (0.65)	0.036 (0.43)	0.043 (0.49)

被解释变量	劳动生产率对数	劳动生产率绝对值	劳均利润	TFP_FE	TFP_LP
	模型 1	模型 2	模型 3	模型 4	模型 5
政策效应 2017 年	0.074	2.301	2.311	0.021	0.033
	(0.72)	(0.81)	(1.17)	(0.24)	(0.36)
前定控制变量	控制	控制	控制	控制	控制
固定效应	控制	控制	控制	控制	控制
R^2_within	0.114	0.116	0.150	0.130	0.124
观测值	6961	7246	7285	6961	6961

资料来源：笔者计算。

附录 6　一对二匹配方法的重污染和非重污染上市公司的协变量平衡情况

协变量	匹配前后	均值		标准化偏差（%）	标准化偏差缩减（%）	均值差异 T 检验		方差比率
		非重污染	重污染			t 值	P 值	
劳动生产率（万元/人）	匹配前	23.568	21.064	13.5	98.6	2.53	0.012	1.35*
	匹配后	23.640	23.605	0.2		0.03	0.976	1.05
总资产净利率（%）	匹配前	3.933	3.607	5.9	98.3	1.10	0.271	1.42*
	匹配后	3.982	3.989	-0.1		-0.02	0.986	1.39*
销售毛利率（%）	匹配前	28.484	26.217	13.5	68.9	2.59	0.010	2.12*
	匹配后	28.704	27.997	4.2		0.68	0.496	1.89*
资本负债率（%）	匹配前	40.620	40.487	0.7	-142.9	0.12	0.901	1.20*
	匹配后	40.261	40.600	-1.7		-0.28	0.776	1.27*
总资产对数	匹配前	21.974	21.843	12.0	82.5	2.20	0.028	0.96
	匹配后	21.933	21.956	-2.1		-0.32	0.752	0.67*
固定资产周转率（%）	匹配前	2.926	4.432	-36.0	91.1	-6.34	0.000	0.40*
	匹配后	2.969	3.101	-3.2		-0.75	0.451	1.47*
存货周转率（%）	匹配前	4.893	3.929	26.6	90.2	5.02	0.000	1.61*
	匹配后	4.810	4.715	2.6		0.37	0.714	0.77*
污染通报次数（次）	匹配前	1.081	0.294	39.9	63.9	8.02	0.000	7.78*
	匹配后	0.763	1.046	-14.4		-2.21	0.028	0.30*
研发投入占比（%）	匹配前	0.028	0.051	-45.1	96.5	-7.72	0.000	0.14*
	匹配后	0.028	0.029	-1.6		-0.54	0.589	1.18*

资料来源：笔者计算。

附录7 一对二匹配方法的重污染和非重污染上市公司生产率水平的平行趋势检验

被解释变量	劳动生产率对数	劳动生产率	劳均利润	TFP_FE	TFP_LP
	模型1	模型2	模型3	模型4	模型5
政策效应2010年	0.013	0.859	1.007	−0.006	0.006
	(0.25)	(0.68)	(1.19)	(−0.12)	(0.12)
政策效应2011年	−0.033	0.391	0.369	−0.052	−0.041
	(−0.52)	(0.26)	(0.37)	(−0.89)	(−0.70)
政策效应2012年	−0.099	−2.454	−1.258	−0.074	−0.062
	(−1.43)	(−1.46)	(−1.12)	(−1.23)	(−1.01)
政策效应2013年	−0.091	−4.095*	−2.069	−0.066	−0.057
	(−1.27)	(−1.96)	(−1.54)	(−1.06)	(−0.87)
政策效应2014年	−0.127*	−3.954**	−2.287	−0.106*	−0.097
	(−1.79)	(−2.05)	(−1.60)	(−1.70)	(−1.51)
政策效应2015年	−0.085	−2.868	−2.927**	−0.088	−0.068
	(−1.19)	(−1.47)	(−2.10)	(−1.46)	(−1.08)
政策效应2016年	0.032	−0.986	−0.358	0.016	0.033
	(0.39)	(−0.43)	(−0.24)	(0.23)	(0.47)
政策效应2017年	0.053	1.967	1.720	0.012	0.033
	(0.62)	(0.79)	(0.98)	(0.16)	(0.44)
前定控制变量	控制	控制	控制	控制	控制
固定效应	控制	控制	控制	控制	控制
R^2_within	0.105	0.136	0.172	0.130	0.121
观测值	10394	10848	10894	10394	10394

资料来源：笔者计算。

附录8 一对四匹配方法的重污染和非重污染上市公司的协变量平衡情况

协变量	匹配前后	均值		标准化偏差（%）	标准化偏差缩减（%）	均值差异T检验		方差比率
		非重污染	重污染			t值	P值	
劳动生产率（万元/人）	匹配前	23.568	21.064	13.5	82.2	2.53	0.012	1.35*
	匹配后	23.640	23.202	2.4		0.36	0.719	0.97

协变量	匹配前后	均值		标准化偏差（%）	标准化偏差缩减（%）	均值差异 T 检验		方差比率
		非重污染	重污染			t 值	P 值	
总资产净利率（%）	匹配前	3.933	3.607	5.9	35.6	1.10	0.271	1.42*
	匹配后	3.982	3.770	3.8		0.62	0.537	1.27*
销售毛利率（%）	匹配前	28.484	26.217	13.5	60.7	2.59	0.010	2.12*
	匹配后	28.704	27.822	5.3		0.85	0.393	1.95*
资本负债率（%）	匹配前	40.620	40.487	0.7	-442.9	0.12	0.901	1.20*
	匹配后	40.261	41.023	-3.8		-0.64	0.523	1.25*
总资产对数	匹配前	21.974	21.843	12.0	85.0	2.20	0.028	0.96
	匹配后	21.933	21.914	1.8		0.27	0.785	0.66*
固定资产周转率（%）	匹配前	2.926	4.432	-36.0	90.6	-6.34	0.000	0.40*
	匹配后	2.969	3.111	-3.4		-0.81	0.418	1.48*
存货周转率（%）	匹配前	4.893	3.929	26.6	73.3	5.02	0.000	1.61*
	匹配后	4.810	5.068	-7.1		-0.97	0.334	0.68*
污染通报次数（次）	匹配前	1.081	0.294	39.9	81.3	8.02	0.000	7.78*
	匹配后	0.763	0.910	-7.4		-1.28	0.201	0.41*
研发投入占比（%）	匹配前	0.028	0.051	-45.1	97.3	-7.72	0.000	0.14*
	匹配后	0.028	0.029	-1.2		-0.42	0.674	1.14

资料来源：笔者计算。

附录9 一对四匹配方法的重污染和非重污染上市公司生产率水平的平行趋势检验

被解释变量	劳动生产率对数	劳动生产率绝对值	劳均利润	TFP_FE	TFP_LP
	模型 1	模型 2	模型 3	模型 4	模型 5
政策效应 2010 年	0.021	-0.154	0.349	0.007	0.017
	(0.41)	(-0.13)	(0.40)	(0.13)	(0.33)
政策效应 2011 年	-0.043	-0.034	0.430	-0.071	-0.059
	(-0.71)	(-0.02)	(0.43)	(-1.24)	(-1.03)
政策效应 2012 年	-0.110*	-2.728*	-1.496	-0.082	-0.072
	(-1.65)	(-1.74)	(-1.37)	(-1.36)	(-1.18)
政策效应 2013 年	-0.094	-4.411**	-2.532**	-0.082	-0.072
	(-1.40)	(-2.36)	(-2.16)	(-1.42)	(-1.19)

续表

被解释变量	劳动生产率对数	劳动生产率绝对值	劳均利润	TFP_FE	TFP_LP
	模型 1	模型 2	模型 3	模型 4	模型 5
政策效应 2014 年	−0.125*	−4.222**	−2.614**	−0.105*	−0.096
	(−1.84)	(−2.35)	(−2.04)	(−1.76)	(−1.55)
政策效应 2015 年	−0.078	−3.176*	−3.003**	−0.085	−0.063
	(−1.15)	(−1.79)	(−2.38)	(−1.46)	(−1.05)
政策效应 2016 年	0.004	−1.825	−0.776	−0.027	−0.005
	(0.05)	(−0.89)	(−0.57)	(−0.43)	(−0.07)
政策效应 2017 年	0.054	1.465	1.475	0.000	0.028
	(0.71)	(0.68)	(0.99)	(0.01)	(0.41)
前定控制变量	控制	控制	控制	控制	控制
固定效应	控制	控制	控制	控制	控制
R^2_within	0.093	0.143	0.178	0.117	0.107
观测值	16922	17876	17961	16922	16922

资料来源：笔者计算。

附录 10　马氏距离匹配方法的重污染和非重污染上市公司的协变量平衡情况

协变量	匹配前后	均值		标准化偏差（%）	标准化偏差缩减（%）	均值差异 T 检验		方差比率
		非重污染	重污染			t 值	P 值	
劳动生产率（万元/人）	匹配前	23.568	21.064	13.5	33.3	2.53	0.012	1.35*
	匹配后	23.568	21.911	9.0		1.51	0.132	1.40*
总资产净利率（%）	匹配前	3.933	3.607	5.9	61.0	1.10	0.271	1.42*
	匹配后	3.933	3.807	2.3		0.39	0.697	1.58*
销售毛利率（%）	匹配前	28.484	26.217	13.5	64.4	2.59	0.010	2.12*
	匹配后	28.484	27.680	4.8		0.76	0.446	1.57*
资本负债率（%）	匹配前	40.620	40.487	0.7	−328.6	0.12	0.901	1.20*
	匹配后	40.620	40.023	3.0		0.50	0.618	1.20*
总资产对数	匹配前	21.974	21.843	12.0	60.0	2.20	0.028	0.96
	匹配后	21.974	21.921	4.8		0.83	0.408	1.10
固定资产周转率（%）	匹配前	2.926	4.432	−36.0	88.1	−6.34	0.000	0.40*
	匹配后	2.926	3.105	−4.3		−1.03	0.305	1.42*

协变量	匹配前后	均值		标准化偏差（%）	标准化偏差缩减（%）	均值差异 T 检验		方差比率
		非重污染	重污染			t 值	P 值	
存货周转率（%）	匹配前	4.893	3.929	26.6	36.5	5.02	0.000	1.61*
	匹配后	4.893	4.281	16.9		2.73	0.006	1.36*
污染通报次数（次）	匹配前	1.081	0.294	39.9	56.4	8.02	0.000	7.78*
	匹配后	1.081	0.738	17.4		2.40	0.016	1.54*
研发投入占比（%）	匹配前	0.028	0.051	−45.1	63.4	−7.72	0.000	0.14*
	匹配后	0.028	0.036	−16.5		−5.74	0.000	1.18

资料来源：笔者计算。

附录 11　马氏距离匹配方法的重污染和非重污染上市公司生产率水平的平行趋势检验

被解释变量	劳动生产率对数	劳动生产率绝对值	劳均利润	TFP_FE	TFP_LP
	模型 1	模型 2	模型 3	模型 4	模型 5
政策效应 2010 年	−0.053	−0.487	0.327	−0.082	−0.075
	(−0.94)	(−0.35)	(0.38)	(−1.47)	(−1.40)
政策效应 2011 年	−0.044	0.124	−0.125	−0.092	−0.070
	(−0.61)	(0.07)	(−0.13)	(−1.36)	(−1.03)
政策效应 2012 年	−0.083	−0.343	−0.016	−0.121*	−0.094
	(−1.02)	(−0.18)	(−0.01)	(−1.72)	(−1.29)
政策效应 2013 年	−0.062	−1.542	−0.904	−0.106	−0.087
	(−0.69)	(−0.75)	(−0.74)	(−1.42)	(−1.09)
政策效应 2014 年	−0.090	−2.232	−1.193	−0.119	−0.101
	(−0.95)	(−1.04)	(−0.94)	(−1.52)	(−1.24)
政策效应 2015 年	−0.042	−0.505	−0.890	−0.090	−0.055
	(−0.46)	(−0.25)	(−0.76)	(−1.21)	(−0.70)
政策效应 2016 年	0.051	1.561	1.096	−0.016	0.015
	(0.48)	(0.67)	(0.79)	(−0.18)	(0.16)
政策效应 2017 年	0.101	4.955**	4.082***	0.005	0.051
	(1.02)	(2.01)	(2.68)	(0.07)	(0.61)
前定控制变量	控制	控制	控制	控制	控制

续表

被解释变量	劳动生产率对数	劳动生产率绝对值	劳均利润	TFP_FE	TFP_LP
	模型 1	模型 2	模型 3	模型 4	模型 5
固定效应	控制	控制	控制	控制	控制
R^2_within	0.096	0.089	0.116	0.105	0.108
观测值	7326	7573	7614	7326	7326

资料来源：笔者计算。

附录 12　包括倾向值的马氏距离匹配方法的重污染和非重污染上市公司的协变量平衡情况

协变量	匹配前后	均值		标准化偏差（%）	标准化偏差缩减（%）	均值差异 T 检验		方差比率
		非重污染	重污染			t 值	P 值	
劳动生产率（万元/人）	匹配前	23.568	21.064	13.5	14.8	2.53	0.012	1.35*
	匹配后	23.568	21.437	11.5		1.95	0.051	1.45*
总资产净利率（%）	匹配前	3.933	3.607	5.9	91.5	1.10	0.271	1.42*
	匹配后	3.933	3.904	0.5		0.09	0.928	1.58*
销售毛利率（%）	匹配前	28.484	26.217	13.5	71.9	2.59	0.010	2.12*
	匹配后	28.484	27.853	3.8		0.60	0.548	1.62*
资本负债率（%）	匹配前	40.620	40.487	0.7	-514.3	0.12	0.901	1.20*
	匹配后	40.620	39.768	4.3		0.72	0.475	1.22*
总资产对数	匹配前	21.974	21.843	12.0	31.7	2.20	0.028	0.96
	匹配后	21.974	21.884	8.2		1.43	0.152	1.14
固定资产周转率（%）	匹配前	2.926	4.432	-36.0	96.9	-6.34	0.000	0.40*
	匹配后	2.926	2.972	-1.1		-0.27	0.790	1.56*
存货周转率（%）	匹配前	4.893	3.929	26.6	36.5	5.02	0.000	1.61*
	匹配后	4.893	4.280	16.9		2.71	0.007	1.31*
污染通报次数（次）	匹配前	1.081	0.294	39.9	56.4	8.02	0.000	7.78*
	匹配后	1.081	0.737	17.4		2.41	0.016	1.54*
研发投入占比（%）	匹配前	0.028	0.051	-45.1	80.9	-7.72	0.000	0.14*
	匹配后	0.028	0.032	-8.6		-3.00	0.003	1.19*

资料来源：笔者计算。

附录 13　包括倾向值的马氏距离匹配方法的平行趋势检验

被解释变量	劳动生产率对数	劳动生产率绝对值	劳均利润	TFP_FE	TFP_LP
	模型 1	模型 2	模型 3	模型 4	模型 5
政策效应 2010 年	0.005	1.130	0.859	−0.036	−0.024
	(0.07)	(0.59)	(1.00)	(−0.56)	(−0.37)
政策效应 2011 年	0.026	2.257	0.676	−0.041	−0.015
	(0.31)	(0.99)	(0.65)	(−0.57)	(−0.20)
政策效应 2012 年	−0.028	1.927	0.860	−0.094	−0.059
	(−0.31)	(0.83)	(0.71)	(−1.26)	(−0.75)
政策效应 2013 年	0.007	0.815	0.029	−0.075	−0.045
	(0.07)	(0.36)	(0.02)	(−0.92)	(−0.52)
政策效应 2014 年	0.012	0.882	0.277	−0.070	−0.039
	(0.12)	(0.36)	(0.21)	(−0.83)	(−0.45)
政策效应 2015 年	0.046	2.053	0.238	−0.048	0.000
	(0.46)	(0.84)	(0.19)	(−0.62)	(0.00)
政策效应 2016 年	0.161	4.651	2.563*	0.043	0.084
	(1.33)	(1.60)	(1.66)	(0.45)	(0.83)
政策效应 2017 年	0.163	6.325**	4.478***	0.031	0.078
	(1.47)	(2.15)	(2.72)	(0.35)	(0.85)
前定控制变量	控制	控制	控制	控制	控制
固定效应	控制	控制	控制	控制	控制
R^2_within	0.101	0.086	0.113	0.106	0.110
观测值	7337	7600	7635	7337	7337

资料来源：笔者计算。

附录 14　以轻污染上市公司为对照组、中重污染上市公司为处理组的平行趋势检验

被解释变量	劳动生产率对数	劳动生产率绝对值	劳均利润	TFP_FE	TFP_LP
解释变量	模型 1	模型 2	模型 3	模型 4	模型 5
政策效应 2010 年	−0.069	0.774	0.045	−0.111	−0.108
	(−0.85)	(0.29)	(0.03)	(−1.59)	(−1.50)

续表

被解释变量	劳动生产率对数	劳动生产率绝对值	劳均利润	TFP_FE	TFP_LP
政策效应2011年	-0.096	-0.140	-0.936	-0.182**	-0.175*
	(-0.97)	(-0.05)	(-0.50)	(-2.00)	(-1.89)
政策效应2012年	-0.067	1.451	0.959	-0.111	-0.109
	(-0.65)	(0.52)	(0.50)	(-1.18)	(-1.13)
政策效应2013年	-0.059	0.615	0.832	-0.117	-0.121
	(-0.55)	(0.21)	(0.43)	(-1.18)	(-1.18)
政策效应2014年	-0.046	0.766	0.624	-0.105	-0.107
	(-0.44)	(0.26)	(0.32)	(-1.08)	(-1.07)
政策效应2015年	0.042	3.122	2.349	-0.009	-0.004
	(0.40)	(1.10)	(1.27)	(-0.10)	(-0.04)
政策效应2016年	0.166	6.822**	4.957**	0.103	0.115
	(1.42)	(2.22)	(2.39)	(0.95)	(1.05)
政策效应2017年	0.093	4.364	3.641*	0.021	0.039
	(0.85)	(1.45)	(1.82)	(0.21)	(0.38)
前定控制变量	控制	控制	控制	控制	控制
固定效应	控制	控制	控制	控制	控制
R^2_within	0.076	0.081	0.115	0.094	0.092
观测值	9363	9730	9785	9363	9363

资料来源：笔者计算。

附录15 二位工业行业工业废水、废气排放量及占比

二位工业行业名	工业废水排放量（万吨）	工业废气排放量（亿立方米）	工业废水占比（%）	工业废气占比（%）	工业污染占比（%）
农副食品加工业	138910	5138	9.27	1.10	5.18
食品制造业	54483	2180	3.63	0.46	2.05
酒、饮料和精制茶制造业	67839	2352	4.52	0.50	2.51
烟草制品业	2359	567	0.16	0.12	0.14
纺织业	184271	2783	12.29	0.59	6.44
纺织服装、服饰业	17408	280	1.16	0.06	0.61
皮革、毛皮、羽毛及其制品和制鞋业	25868	380	1.73	0.08	0.90
木材加工及木、竹、藤、棕、草制品业	5446	5685	0.36	1.21	0.79

续表

二位工业行业名	工业废水排放量（万吨）	工业废气排放量（亿立方米）	工业废水占比（%）	工业废气占比（%）	工业污染占比（%）
家具制造业	907	331	0.06	0.07	0.07
造纸和纸制品业	236684	6657	15.79	1.42	8.60
印刷和记录媒介复制业	1863	336	0.12	0.07	0.10
文教、工美、体育和娱乐用品制造业	2019	269	0.13	0.06	0.10
石油加工、炼焦和核燃料加工业	84822	22074	5.66	4.71	5.18
化学原料和化学制品制造业	256428	36752	17.10	7.84	12.47
医药制造业	53259	3680	3.55	0.78	2.17
化学纤维制造业	37763	2050	2.52	0.44	1.48
橡胶和塑料制品业	12606	4311	0.84	0.92	0.88
非金属矿物制品业	28421	124687	1.90	26.60	14.25
黑色金属冶炼及压延加工业	91159	173826	6.08	37.08	21.58
有色金属冶炼及压延加工业	32106	39807	2.14	8.49	5.32
金属制品业	33556	6445	2.24	1.37	1.81
通用设备制造业	10178	1894	0.68	0.40	0.54
专用设备制造业	7271	1062	0.48	0.23	0.36
汽车制造业	18645	5729	1.24	1.22	1.23
铁路、船舶、航空航天和其他运输设备制造业	10897	1526	0.73	0.33	0.53
电气机械和器材制造业	11166	3083	0.74	0.66	0.70
计算机、通信和其他电子设备制造业	58831	8195	3.92	1.75	2.84
仪器仪表制造业	2487	264	0.17	0.06	0.11
其他制造业	7932	5823	0.53	1.24	0.89
废弃资源综合利用业	2153	493	0.14	0.11	0.12
金属制品、机械和设备修理业	1481	160	0.10	0.03	0.07
制造业总计	1499218	468819	100.00	100.00	100.00

资料来源：笔者整理。

附录16　连续型 DID 的平行趋势假设估计结果

被解释变量	劳动生产率对数	劳动生产率绝对值	劳均利润	TFP_FE	TFP_LP
解释变量	模型1	模型2	模型3	模型4	模型5
政策效应2010年	0.003 (0.59)	0.105 (0.74)	0.164** (2.12)	0.003 (0.71)	0.002 (0.51)

续表

被解释变量	劳动生产率对数	劳动生产率绝对值	劳均利润	TFP_FE	TFP_LP
政策效应 2011 年	0.007	0.343*	0.274***	0.005	0.005
	(0.98)	(1.81)	(2.66)	(0.79)	(0.72)
政策效应 2012 年	0.005	0.239	0.240**	0.007	0.007
	(0.70)	(1.29)	(2.41)	(1.04)	(1.15)
政策效应 2013 年	0.009	0.293	0.252**	0.010	0.010
	(1.21)	(1.56)	(2.48)	(1.60)	(1.50)
政策效应 2014 年	0.009	0.233	0.222**	0.012*	0.011
	(1.21)	(1.20)	(2.07)	(1.79)	(1.62)
政策效应 2015 年	0.007	0.302	0.171*	0.008	0.008
	(0.88)	(1.55)	(1.68)	(1.27)	(1.17)
政策效应 2016 年	0.013*	0.494**	0.297**	0.014**	0.012*
	(1.73)	(2.41)	(2.50)	(2.03)	(1.82)
政策效应 2017 年	0.017**	0.623***	0.492***	0.018***	0.017**
	(2.17)	(2.62)	(3.64)	(2.65)	(2.42)
前定控制变量	控制	控制	控制	控制	控制
固定效应	控制	控制	控制	控制	控制
R^2_within	0.074	0.081	0.114	0.092	0.090
观测值	9363	9730	9785	9363	9363

资料来源：笔者整理。

附录17 连续型 DID 的虚拟政策的各类生产率水平的政策效果

连续型 DID 的虚拟政策的劳动生产率绝对值政策效果

被解释变量	劳动生产率绝对值					
解释变量	模型1	模型2	模型3	模型4	模型5	模型6
假想政策 2010 年	0.017					
	(0.12)					
假想政策 2011 年		0.028				
		(0.23)				
假想政策 2012 年			−0.061			
			(−0.51)			
假想政策 2013 年				−0.016		
				(−0.16)		

被解释变量	劳动生产率绝对值					
假想政策 2014 年					-0.020 (-0.22)	
假想政策 2015 年						0.044 (0.40)
固定效应	控制	控制	控制	控制	控制	控制
R^2_within	0.000	0.000	0.000	0.000	0.000	0.000
观测值	7684	7684	7684	7684	7684	7684

资料来源：笔者整理。

连续型 DID 的虚拟政策的劳均利润政策效果

被解释变量 解释变量	劳均利润					
	模型 1	模型 2	模型 3	模型 4	模型 5	模型 6
假想政策 2010 年	0.048 (0.63)					
假想政策 2011 年		-0.000 (-0.00)				
假想政策 2012 年			-0.055 (-0.72)			
假想政策 2013 年				-0.049 (-0.70)		
假想政策 2014 年					-0.061 (-0.93)	
假想政策 2015 年						-0.047 (-0.57)
固定效应	控制	控制	控制	控制	控制	控制
R^2_within	0.000	0.000	0.000	0.000	0.000	0.000
观测值	7810	7810	7810	7810	7810	7810

资料来源：笔者整理。

连续型 DID 的虚拟政策的 TFP_FE 政策效果

被解释变量 解释变量	TFP_FE					
	模型 1	模型 2	模型 3	模型 4	模型 5	模型 6
假想政策 2010 年	-0.002 (-0.41)					

续表

被解释变量	TFP_FE					
假想政策 2011 年		−0.003 (−0.75)				
假想政策 2012 年			−0.003 (−0.81)			
假想政策 2013 年				0.000 (0.08)		
假想政策 2014 年					0.001 (0.28)	
假想政策 2015 年						0.001 (0.19)
固定效应	控制	控制	控制	控制	控制	控制
R^2_within	0.000	0.000	0.000	0.000	0.000	0.000
观测值	7329	7329	7329	7329	7329	7329

资料来源：笔者整理。

连续型 DID 的虚拟政策的 TFP_LP 政策效果

被解释变量	TFP_LP					
解释变量	模型 1	模型 2	模型 3	模型 4	模型 5	模型 6
假想政策 2010 年	−0.001 (−0.21)					
假想政策 2011 年		−0.002 (−0.39)				
假想政策 2012 年			−0.002 (−0.45)			
假想政策 2013 年				0.001 (0.26)		
假想政策 2014 年					0.002 (0.45)	
假想政策 2015 年						0.002 (0.49)
固定效应	控制	控制	控制	控制	控制	控制
R^2_within	0.000	0.000	0.000	0.000	0.000	0.000
观测值	7329	7329	7329	7329	7329	7329

资料来源：笔者整理。

附录18 小样本对照组和大样本对照组具体包括的上市公司

小样本对照组包括以下27个"有色金属冶炼及压延加工业"中的上市公司：

中金岭南、焦作万方、铜陵有色、云铝股份、云南铜业、万邦德、西部材料、云海金属、海亮股份、恒邦股份、精艺股份、罗普斯金、章源钨业、云南锗业、赣锋锂业、利源精制、亚太科技、闽发铝业、北方稀土、南山铝业、梦舟股份、宏达股份、江西铜业、宝钛股份、贵研铂业、厦门钨业、宁波富邦。

大样本对照组包括以下103个"有色金属冶炼及压延加工业"和"化学原料和化学制品制造业"中的上市公司：

中金岭南、广州浪奇、焦作万方、铜陵有色、英力特、四川美丰、云铝股份、鲁西化工、云南铜业、大庆华科、久联发展、德美化工、黑猫股份、万邦德、中泰化学、西部材料、红宝丽、芭田股份、云海金属、海亮股份、诺普信、恒邦股份、联化科技、兆新股份、利尔化学、华昌化工、精艺股份、乐通股份、永太科技、罗普斯金、新纶科技、同德化工、神剑股份、章源钨业、天原集团、长青股份、多氟多、齐翔腾达、雅克科技、云南锗业、闰土股份、百川股份、赣锋锂业、金正大、宝莫股份、雅化集团、利源精制、司尔特、云图控股、亚太科技、兄弟科技、闽发铝业、西陇科学、史丹利、金禾实业、龙佰集团、德联集团、康达新材、硅宝科技、回天新材、奥克股份、建新股份、阳谷华泰、青松股份、宝利国际、元力股份、日科化学、金力泰、瑞丰高材、雅本化学、国瓷材料、澄星股份、北方稀土、乐凯胶片、兴发集团、巨化股份、南山铝业、两面针、梦舟股份、亿利洁能、万华化学、上海家化、兰太实业、宏达股份、江西铜业、红星发展、天科股份、江山股份、华鲁恒升、宝钛股份、贵研铂业、六国化工、扬农化工、厦门钨业、新安股份、氯碱化工、湖南海利、江苏索普、宁波富邦、钱江生化、东材科技、君正集团、滨化股份。

钢铁行业对照组包括以下10个"黑色金属冶炼及压延加工业"中的上市公司：

大冶特钢、太钢不锈、包钢股份、宝钢股份、凌钢股份、鄂尔多斯、方大特钢、新钢股份、马钢股份、柳钢股份。

附录19 小样本对照组中的"钢铁平均"样本的生产率水平合成值权重

上市公司名称	劳动生产率对数	劳动生产率绝对值	劳均利润	TFP_OP	TFP_LP
中金岭南	0	0	0	0	0
焦作万方	0.039	0	0.053	0.110	0.209
铜陵有色	0	0	0	0	0
云铝股份	0	0	0	0	0
云南铜业	0	0	0	0	0
万邦德	0.745	0.702	0.166	0	0
西部材料	0.034	0	0.673	0	0
云海金属	0	0	0	0	0
海亮股份	0	0	0	0	0
恒邦股份	0	0	0	0	0
精艺股份	0	0	0	0	0
罗普斯金	0	0	0	0	0
章源钨业	0	0	0	0	0
云南锗业	0	0	0	0	0
赣锋锂业	0	0	0	0	0
利源精制	0.141	0.070	0.028	0.005	0
亚太科技	0	0	0	0.167	0.180
闽发铝业	0	0	0	0	0
北方稀土	0	0.010	0.080	0	0
南山铝业	0	0	0	0	0
梦舟股份	0	0	0	0	0
宏达股份	0	0	0	0	0
江西铜业	0.041	0	0	0.718	0.611
宝钛股份	0	0	0	0	0
贵研铂业	0	0.218	0	0	0
厦门钨业	0	0	0	0	0
宁波富邦	0	0	0	0	0

资料来源：笔者计算。

附录20　大样本对照组中的"钢铁平均"样本的生产率水平合成值权重

上市公司名称	劳动生产率对数	劳动生产率绝对值	劳均利润	TFP_OP	TFP_LP	上市公司名称	劳动生产率对数	劳动生产率绝对值	劳均利润	TFP_OP	TFP_LP
中金岭南	0.005	0.003	0	0	0	罗普斯金	0.003	0.003	0	0	0
广州浪奇	0.004	0.004	0	0	0	新纶科技	0.003	0.003	0	0	0
焦作万方	0.005	0.026	0	0.061	0	同德化工	0.004	0.004	0	0	0
铜陵有色	0.005	0.005	0	0	0	神剑股份	0.010	0.178	0	0	0
英力特	0.004	0.004	0	0	0	章源钨业	0.003	0.004	0	0	0
四川美丰	0.002	0.002	0	0	0	天原集团	0.003	0.003	0	0	0
云铝股份	0.002	0.005	0	0	0	长青股份	0.005	0.003	0	0	0
鲁西化工	0.003	0.003	0	0	0	多氟多	0.003	0.003	0	0	0
云南铜业	0.009	0.003	0	0	0	齐翔腾达	0.073	0.078	0	0.310	0.412
大庆华科	0.005	0.004	0	0	0	雅克科技	0.005	0.002	0	0	0
久联发展	0.004	0.003	0	0	0	云南锗业	0.004	0.003	0	0	0
德美化工	0.015	0.012	0.024	0	0	闰土股份	0.006	0.033	0.067	0	0.267
黑猫股份	0.003	0.003	0	0	0	百川股份	0.005	0.007	0	0	0
万邦德	0.007	0.004	0	0	0	赣锋锂业	0.003	0.003	0	0	0
中泰化学	0.006	0.007	0	0	0	金正大	0.004	0.003	0	0	0
西部材料	0.004	0.004	0.490	0	0	宝莫股份	0.005	0.004	0	0	0
红宝丽	0.006	0.003	0	0	0	雅化集团	0.005	0.006	0	0	0
芭田股份	0.003	0.003	0	0	0	利源精制	0.005	0.002	0	0	0
云海金属	0.003	0.003	0	0	0	司尔特	0.003	0.003	0	0	0
海亮股份	0.003	0.003	0	0	0	云图控股	0.004	0.003	0	0	0
诺普信	0.003	0.003	0	0	0	亚太科技	0.004	0.003	0	0	0
恒邦股份	0.003	0.003	0	0	0	兄弟科技	0.115	0.241	0.044	0.056	0
联化科技	0.005	0.003	0	0	0	闽发铝业	0.003	0.004	0	0	0
兆新股份	0.003	0.006	0	0	0.021	西陇科学	0.005	0.002	0	0	0
利尔化学	0.003	0.003	0	0	0	史丹利	0.005	0.003	0	0	0
华昌化工	0.002	0.003	0	0	0	金禾实业	0.003	0.003	0	0	0
精艺股份	0.002	0.003	0	0	0	龙佰集团	0.004	0.002	0	0	0
乐通股份	0.003	0.003	0	0	0	德联集团	0.007	0.002	0	0	0
永太科技	0.004	0.003	0	0	0	康达新材	0.008	0.002	0	0	0

续表

上市公司名称	劳动生产率对数	劳动生产率绝对值	劳均利润	TFP_OP	TFP_LP	上市公司名称	劳动生产率对数	劳动生产率绝对值	劳均利润	TFP_OP	TFP_LP
硅宝科技	0.006	0.003	0	0	0	上海家化	0.151	0.001	0	0	0.185
回天新材	0.006	0.002	0	0	0	兰太实业	0.003	0.004	0	0	0
奥克股份	0.083	0.004	0.206	0	0.022	宏达股份	0.002	0.003	0	0	0
建新股份	0.004	0.007	0	0.047	0	江西铜业	0.006	0.003	0	0	0
阳谷华泰	0.003	0.003	0	0	0	红星发展	0.002	0.003	0	0	0
青松股份	0.099	0.004	0	0.079	0.094	天科股份	0.005	0.003	0	0	0
宝利国际	0.012	0.007	0	0	0	江山股份	0.002	0.069	0	0	0
元力股份	0.006	0.004	0	0	0	华鲁恒升	0.007	0.002	0	0	0
日科化学	0.009	0.003	0	0	0	宝钛股份	0.002	0.003	0	0	0
金力泰	0.006	0.003	0	0	0	贵研铂业	0.006	0.005	0	0	0
瑞丰高材	0.005	0.003	0	0	0	六国化工	0.002	0.003	0	0	0
雅本化学	0.005	0.003	0	0	0	扬农化工	0.005	0.003	0	0	0
国瓷材料	0.003	0.003	0	0	0	厦门钨业	0.005	0.045	0	0	0
澄星股份	0.003	0.003	0	0	0	新安股份	0.005	0.006	0	0	0
北方稀土	0.009	0.006	0	0	0	氯碱化工	0.004	0.002	0	0	0
乐凯胶片	0.002	0.003	0	0	0	湖南海利	0.002	0.003	0	0	0
兴发集团	0.005	0.002	0	0	0	江苏索普	0.004	0.009	0	0	0
巨化股份	0.005	0.003	0	0	0	宁波富邦	0.001	0.003	0	0	0
南山铝业	0.004	0.003	0	0	0	钱江生化	0.003	0.004	0.169	0	0
两面针	0.003	0.004	0	0	0	东材科技	0.005	0.003	0	0	0
梦舟股份	0.003	0.003	0	0	0	君正集团	0.007	0.003	0	0	0
亿利洁能	0.004	0.003	0	0	0	滨化股份	0.008	0.002	0	0	0
万华化学	0.039	0	0	0.448	0						

资料来源：笔者计算。

参考文献

［1］ Abadie A. , Diamond A. , Hainmueller J. , "Synthetic Control Methods for Comparative Case Studies: Estimating the Effect of California's Tobacco Control Program", *Journal of the American Statistical Association*, 2010（490）: 493-505.

［2］ Abadie A. , Gardeazabal J. , "The Economic Costs of Conflict: A Case Study of the Basque Country", *American Economic Review*, 2003（1）: 113-132.

［3］ Abadie A. , Diamond A. , Hainmueller J. , "Comparative Politics and the Synthetic Control Method", *American Journal of Political Science*, 2015（2）: 495-510.

［4］ Altman D. G. , "Better Reporting of Randomised Controlled Trials: The CONSORT Statement", *British Medical Journal*, 1996（7057）: 570-571.

［5］ Austin P. C. , "Balance Diagnostics for Comparing the Distribution of Baseline Covariates Between Treatment Groups in Propensity-Score Matched Samples", *Statistics in Medicine*, 2009（25）: 3083-3107.

［6］ Bai Y. , Jia, R. , "Elite Recruitment and Political Stability: The Impact of the Abolition of China's Civil Service Exam", *Econometrica*, 2016（2）: 677-733.

［7］ Banerjee A. V. , "A Simple Model of Herd Behavior", *The Quarterly Journal of Economics*, 1992（3）: 797-817.

［8］ Baron R. M. , Kenny D. A. , "The Moderator-Mediator Variable Distinction in Social Psychological Research: Conceptual, Strategic, and Statistical Considerations", *Journal of Personality and Social Psychology*, 1986（6）: 1173-1182.

［9］ Begg C. , Cho M. , Eastwood S. , et al. , "Improving the Quality of Reporting of Randomized Controlled Trials. The CONSORT Statement", *American Journal of Ophthalmology*, 1996（6）: 925-926.

[10] Benoit J. , Krishna V. , "Dynamic Duopoly: Prices and Quantities", *The Review of Economic Studies*, 1987（1）: 23-25.

[11] Crotty J. , *Why There Is Chronic Excess Capacit*, Armonk: M. E. Sharpe, 2002.

[12] Datta S. , Filippini M. , "Analysing the Impact of ENERGY STAR Rebate Policies in the US", *Energy Efficiency*, 2016（3）: 677-698.

[13] Del Gatto M. , Di Liberto A, Petraglia C. , "Measuring Productivity", *Journal of Economic Surveys*, 2011（5）: 952-1008.

[14] Della Seta M. , Gryglewicz S. , Kort P. M. , "Optimal Investment in Learning-Curve Technologies", *Journal of Economic Dynamics and Control*, 2012（10）: 1462-1476.

[15] Dewatripont M. , Maskin E. , "Credit and Efficiency in Centralized and Decentralized Economies", *The Review of Economic Studies*, 1995（4）: 541-555.

[16] Esposito F. F. , Esposito L. , "Excess Capacity and Market Structure", *The Review of Economics and Statistics*, 1974（2）: 188-194.

[17] Fagnart, J. , Licandro O. , Portier F. , "Firm Heterogeneity, Capacity Utilization, and the Business Cycle", *Review of Economic Dynamics*, 1999（2）: 433-455.

[18] Fershtman C. , Gandal N. , "Disadvantageous Semicollusion", *International Journal of Industrial Organization*, 1994（2）: 141-154.

[19] Flury B. K. , Riedwyl H. , "Standard Distance in Univariate and Multivariate Analysis", *The American Statistician*, 1986（3）: 249-251.

[20] Freemantle N. , "CONSORT: An Important Step toward Evidence-Based Health Care", *Annals of Internal Medicine*, 1997（1）: 81-83.

[21] Garthwaite C. , Gross T. , Notowidigdo M. J. , "Public Health Insurance, Labor Supply, and Employment Lock", *The Quarterly Journal of Economics*, 2014（2）: 653-696.

[22] Hartman R. , "The Effects of Price and Cost Uncertainty on Investment",

Journal of Economic Theory, 1972 (2): 258-266.

［23］Heckman J. J. , Ichimura H. , Todd P. E. , "Matching as an Econometric Evaluation Estimator", *Review of Economic Studies*, 1998 (2): 261-294.

［24］Heckman J. J. , Ichimura H. , Todd P. E. , "Matching as an Econometric Evaluation Estimator: Evidence from Evaluating a Job Training Programme", *The Review of Economic Studies*, 1997 (4): 605-654.

［25］Heckman J. J. , "The Common Structure of Statistical Models of Truncation, Sample Selection and Limited Dependent Variables and a Simple Estimator for Such Models", *Annals of Economic and Social Measurement*, 1976 (4): 475-492.

［26］Huisman K. J. M. , Kort P. M. , "Strategic Capacity Investment Under Uncertainty", *The RAND Journal of Economics*, 2015 (2): 376-408.

［27］Levinsohn J. , Petrin A. , "Estimating Production Functions Using Inputs to Control for Unobservables", *Review of Economic Studies*, 2003 (2): 317-341.

［28］Li P. , Lu Y. , Wang J. , "Does Flattening Government Improve Economic Performance? Evidence from China", *Journal of Development Economics*, 2016 (123): 18-37.

［29］Moser P. , Voena A. , "Compulsory Licensing: Evidence from the Trading with the Enemy Act", *American Economic Review*, 2012 (1): 396-427.

［30］Nunn N. , Qian N. , "The Potato's Contribution to Population and Urbanization: Evidence from a Historical Experiment", *The Quarterly Journal of Economics*, 2011 (2): 593-650.

［31］Olley G. S. , Pakes A. , "The Dynamics of Productivity in the Telecommunications Equipment Industry", *Econometrica*, 1996 (6): 1263-1297.

［32］Rosenbaum P. R. , Rubin D. B. , "Constructing a Control Group Using Multivariate Matched Sampling Methods That Incorporate the Propensity Score", *The American Statistician*, 1985 (1): 33-38.

［33］Rosenbaum P. R. , Rubin D. B. , "The Central Role of the Propensity Score in Observational Studies for Causal Effects", *Biometrika*, 1983 (1): 41-55.

［34］Sarkar S. , "A Real-Option Rationale for Investing in Excess Capacity", *Managerial and Decision Economics*, 2009 (12): 119-133.

[35] Schulz K. F., "The Quest for Unbiased Research: Randomized Clinical Trials and the CONSORT Reporting Guidelines", *Annals of Neurology*, 1997 (5): 569-573.

[36] Spence A. M., "Entry, Capacity, Investment and Oligopolistic Pricing", *The Bell Journal of Economics*, 1977 (2): 534-553.

[37] Ward D. O., Clark C. D., Jensen K. L., et al., "Factors Influencing Willingness-to-Pay for the ENERGY STAR® Label", *Energy Policy*, 2011 (3): 1450-1458.

[38] 白成太、陈光：《上市公司生产效率分析指标构建》，《技术经济》2016 年第 3 期。

[39] 白重恩、张琼：《中国生产率估计及其波动分解》，《世界经济》2015 年第 12 期。

[40] 蔡跃洲、郭梅军：《我国上市商业银行全要素生产率的实证分析》，《经济研究》2009 年第 9 期。

[41] 陈昌兵：《可变折旧率估计及资本存量测算》，《经济研究》2014 年第 12 期。

[42] 陈刚：《法官异地交流与司法效率——来自高院院长的经验证据》，《经济学（季刊）》2012 年第 4 期。

[43] 陈刚、李潇：《行政区划调整与重庆市经济发展的再检验——基于劳动生产率视角的分析》，《中国经济问题》2017 年第 4 期。

[44] 陈浩、罗力菲：《区域协同发展政策对要素流动与配置的影响：京津冀例证》，《改革》2023 年第 5 期。

[45] 陈林、陈臻、肖倩冰：《产能过剩与环境规制相机选择——基于正式与非正式环境规制视角》，《中国工业经济》2024 年第 3 期。

[46] 陈小运、黄婉：《绿色金融政策与绿色企业全要素生产率——基于〈绿色信贷指引〉实施的经验证据》，《财经论丛》2024 年第 4 期。

[47] 陈一博、宛晶：《创业板上市公司全要素生产率分析——基于 DEA-Malmquist 指数法的实证研究》，《当代经济科学》2012 年第 4 期。

[48] 储德银、程扬帆：《税收营商环境优化与企业全要素生产率——来自税务系统"放管服"改革的经验证据》，《南开经济研究》2024 年第 4 期。

［49］丛树海、黄维盛：《重大疫情冲击与财政可持续性——来自多事件合成控制法的证据》，《财贸经济》2022年第11期。

［50］邓宏、尹斯斯、马如飞：《粤港澳大湾区规划能否提高企业全要素生产率？——来自中国制造业上市公司的证据》，《南方经济》2024年第3期。

［51］杜艳、周茂、李雨浓：《贸易自由化能否提高中国制造业企业资源再配置效率——基于中国加入WTO的倍差法分析》，《国际贸易问题》2016年第9期。

［52］范丹、王维国、梁佩凤：《中国碳排放交易权机制的政策效果分析——基于双重差分模型的估计》，《中国环境科学》2017年第6期。

［53］范子英、田彬彬：《出口退税政策与中国加工贸易的发展》，《世界经济》2014年第4期。

［54］范子英、田彬彬：《税收竞争、税收执法与企业避税》，《经济研究》2013年第9期。

［55］方芳、赵军、黄宏运等：《城镇化推进模式与我国农业低碳全要素生产率——来自双源夜间灯光证据》，《统计研究》2024年第4期。

［56］冯梅：《钢铁产能过剩的特点、成因及对策》，《宏观经济管理》2013年第9期。

［57］冯伟：《提高产能利用率能促进全要素生产率的提升吗？——来自中国工业行业的例证》，《云南社会科学》2017年第6期。

［58］干春晖、邹俊、王健：《地方官员任期、企业资源获取与产能过剩》，《中国工业经济》2015年第3期。

［59］高晓娜、兰宜生：《产能过剩对出口产品质量的影响——来自微观企业数据的证据》，《国际贸易问题》2016年第10期。

［60］耿强、江飞涛、傅坦：《政策性补贴、产能过剩与中国的经济波动——引入产能利用率RBC模型的实证检验》，《中国工业经济》2011年第5期。

［61］顾晓安、蔡玲：《产能过剩、企业经营风险与地区金融安全——来自山西省煤炭上市公司的经验证据》，《当代经济管理》2018年第8期。

［62］郭长林：《财政政策扩张、纵向产业结构与中国产能利用率》，《管理世界》2016年第10期。

［63］郭庆旺、贾俊雪：《中国潜在产出与产出缺口的估算》，《经济研究》2004年第5期。

［64］韩超、胡浩然：《清洁生产标准规制如何动态影响全要素生产率——剔除其他政策干扰的准自然实验分析》，《中国工业经济》2015 年第 5 期。

［65］韩国高：《环境规制、技术创新与产能利用率——兼论"环保硬约束"如何有效治理产能过剩》，《当代经济科学》2018 第 1 期。

［66］韩国高、王立国：《行业投资增长过快现象会因过剩产能的存在趋缓吗？——基于 1999～2010 年我国产能过剩行业数据的分析》，《投资研究》2013 年第 8 期。

［67］韩文龙、黄城、谢璐：《诱导性投资、被迫式竞争与产能过剩》，《社会科学研究》2016 年第 4 期。

［68］河北省国家税务局收入规划核算处课题组、胡秋生、卢长庚：《产能过剩对税收增长的影响——以河北省为例》，《税务研究》2017 年第 9 期。

［69］胡鞍钢、郑云峰、高宇宁：《中国高耗能行业真实全要素生产率研究（1995—2010）——基于投入产出的视角》，《中国工业经济》2015 年第 5 期。

［70］胡务、汤梅梅、刘震：《工伤保险管制与企业生产率增长》，《保险研究》2017 年第 7 期。

［71］黄玲文、姚洋：《国有企业改制对就业的影响——来自 11 个城市的证据》，《经济研究》2007 年第 3 期。

［72］季凯文：《中国生物农业全要素生产率的增长效应及影响因素研究——对 32 家上市公司的实证考察》，《软科学》2015 年第 2 期。

［73］简泽、干春晖、余典范：《银行部门的市场化、信贷配置与工业重构》，《经济研究》2013 年第 5 期。

［74］简泽、张涛、伏玉林：《进口自由化、竞争与本土企业的全要素生产率——基于中国加入 WTO 的一个自然实验》，《经济研究》2014 年第 8 期。

［75］江飞涛、耿强、吕大国、李晓萍：《地区竞争、体制扭曲与产能过剩的形成机理》，《中国工业经济》2012 年第 6 期。

［76］蒋灵多、陆毅：《最低工资标准能否抑制新僵尸企业的形成》，《中国工业经济》2017 年第 11 期。

［77］蒋灵多、陆毅、陈勇兵：《市场机制是否有利于僵尸企业处置：以外资管制放松为例》，《世界经济》2018 年第 9 期。

［78］揭懋汕、郭洁、陈罗烨、雪燕、薛领：《碳约束下中国县域尺度农业

全要素生产率比较研究》，《地理研究》2016 年第 5 期。

［79］靳亚阁、常蕊：《环境规制与工业全要素生产率——基于 280 个地级市的动态面板数据实证研究》，《经济问题》2016 年第 11 期。

［80］雷根强、黄晓虹、席鹏辉：《转移支付对城乡收入差距的影响——基于我国中西部县域数据的模糊断点回归分析》，《财贸经济》2015 年第 12 期。

［81］李斌、彭星、欧阳铭珂：《环境规制、绿色全要素生产率与中国工业发展方式转变——基于 36 个工业行业数据的实证研究》，《中国工业经济》2013 年第 4 期。

［82］李成、张玉霞：《中国"营改增"改革的政策效应：基于双重差分模型的检验》，《财政研究》2015 年第 2 期。

［83］李楠、乔榛：《国有企业改制政策效果的实证分析——基于双重差分模型的估计》，《数量经济技术经济研究》2010 年第 2 期。

［84］李姝：《基于 Malmquist 指数方法的火电上市公司全要素生产率增长来源分析》，《宏观经济研究》2016 年第 10 期。

［85］李树、陈刚：《环境管制与生产率增长——以 APPCL2000 的修订为例》，《经济研究》2013 年第 1 期。

［86］李小平、卢现祥、朱钟棣：《国际贸易、技术进步和中国工业行业的生产率增长》，《经济学（季刊）》2008 年第 2 期。

［87］李小平、朱钟棣：《中国工业行业的全要素生产率测算——基于分行业面板数据的研究》，《管理世界》2005 年第 4 期。

［88］李欣泽、纪小乐、周灵灵：《高铁能改善企业资源配置吗？——来自中国工业企业数据库和高铁地理数据的微观证据》，《经济评论》2017 年第 6 期。

［89］李永友、严岑：《服务业"营改增"能带动制造业升级吗？》，《经济研究》2018 年第 4 期。

［90］林毅夫：《潮涌现象与发展中国家宏观经济理论的重新构建》，《经济研究》2007 年第 1 期。

［91］林毅夫、巫和懋、邢亦青：《"潮涌现象"与产能过剩的形成机制》，《经济研究》2010 年第 10 期。

［92］刘畅、马光荣：《财政转移支付会产生"粘蝇纸效应"吗？——来自断点回归的新证据》，《经济学报》2015 年第 1 期。

［93］刘晨跃、徐盈之：《市场化、结构性产能过剩与环境污染——基于系统 GMM 与门槛效应的检验》，《统计研究》2019 年第 1 期。

［94］刘航、孙早：《城镇化动因扭曲与制造业产能过剩——基于 2001—2012 年中国省级面板数据的经验分析》，《中国工业经济》2014 年第 11 期。

［95］刘航、文欣、张雨微：《产能过剩对工业品与投资品价格的影响研究》，《价格理论与实践》2015 年第 9 期。

［96］刘甲炎、范子英：《中国房产税试点的效果评估：基于合成控制法的研究》，《世界经济》2013 年第 11 期。

［97］刘军：《产能过剩与企业出口自我选择——基于"产能—出口"假说的研究》，《产业经济研究》2016 年第 5 期。

［98］刘啟仁、黄建忠：《贸易自由化、企业动态与行业生产率变化——基于我国加入 WTO 的自然实验》，《国际贸易问题》2016 年第 1 期。

［99］刘瑞明、赵仁杰：《西部大开发：增长驱动还是政策陷阱——基于 PSM-DID 方法的研究》，《中国工业经济》2015 年第 6 期。

［100］刘生龙、周绍杰、胡鞍钢：《义务教育法与中国城镇教育回报率：基于断点回归设计》，《经济研究》2016 年第 2 期。

［101］刘伟江、吕镯：《"营改增"、制造业服务化与全要素生产率提升——基于 DI 合成控制法的实证研究》，《南方经济》2018 年第 5 期。

［102］刘晔、张训常、蓝晓燕：《国有企业混合所有制改革对全要素生产率的影响——基于 PSM-DID 方法的实证研究》，《财政研究》2016 年第 10 期。

［103］刘友金、曾小明：《房产税对产业转移的影响：来自重庆和上海的经验证据》，《中国工业经济》2018 年第 11 期。

［104］刘云霞、曾五一：《我国省际全要素生产率的对比分析研究》，《统计研究》2024 年第 5 期。

［105］鲁晓东、连玉君：《中国工业企业全要素生产率估计：1999—2007》，《经济学（季刊）》2012 年第 2 期。

［106］陆远权、朱小会：《政府规制、产能过剩与环境污染——基于我国省际面板数据的实证分析》，《软科学》2016 年第 10 期。

［107］吕靖烨、李文浩、文启湘：《经济下行中进口激增、产能过剩对我国煤炭价格的影响》，《价格月刊》2017 年第 7 期。

［108］吕政、曹建海：《竞争总是有效率的吗？——兼论过度竞争的理论基础》，《中国社会科学》2000 年第 6 期。

［109］毛其淋、盛斌：《对外经济开放、区域市场整合与全要素生产率》，《经济学（季刊）》2012 年第 1 期。

［110］毛其淋、许家云：《中间品贸易自由化的生产率效应——以中国加入WTO 为背景的经验研究》，《财经研究》2015 年第 4 期。

［111］聂辉华、方明月、李涛：《增值税转型对企业行为和绩效的影响——以东北地区为例》，《管理世界》2009 年第 5 期。

［112］祁毓、卢洪友、张宁川：《环境规制能实现"降污"和"增效"的双赢吗——来自环保重点城市"达标"与"非达标"准实验的证据》，《财贸经济》2016 年第 9 期。

［113］钱雪松、康瑾、唐英伦、曹夏平：《产业政策、资本配置效率与企业全要素生产率——基于中国 2009 年十大产业振兴规划自然实验的经验研究》，《中国工业经济》2018 年第 8 期。

［114］秦雪征、尹志锋、周建波、孔欣欣：《国家科技计划与中小型企业创新：基于匹配模型的分析》，《管理世界》2012 年第 4 期。

［115］任韬、张潇潭：《产能利用率与全要素生产率提升——来自制造业上市企业的证据》，《经济与管理研究》2023 年第 5 期。

［116］沈煜、丁守海：《去产能会引起较大的失业风险吗？》，《上海经济研究》2016 年第 11 期。

［117］时磊：《资本市场扭曲与产能过剩：微观企业的证据》，《财贸研究》2013 年第 5 期。

［118］史贝贝、冯晨、张妍、杨菲：《环境规制红利的边际递增效应》，《中国工业经济》2017 年第 12 期。

［119］宋凌云、王贤彬：《重点产业政策、资源重置与产业生产率》，《管理世界》2013 年第 12 期。

［120］苏明政、徐佳信、张满林：《东北振兴政策效果评估》，《上海经济研究》2017 年第 4 期。

［121］孙安其：《产能过剩与审计治理——基于审计费用风险溢价的实证研究》，《上海财经大学学报》2018 年第 2 期。

［122］孙巍、李何、王文成：《产能利用与固定资产投资关系的面板数据协整研究——基于制造业 28 个行业样本》，《经济管理》2009 年第 3 期。

［123］孙晓华、郭旭：《"装备制造业振兴规划"的政策效果评价——基于差分内差分方法的实证检验》，《管理评论》2015 年第 6 期。

［124］孙学涛、王振华、张广胜：《县域全要素生产率提升中存在结构红利吗？——基于中国 1869 个县域的面板数据分析》，《中南财经政法大学学报》2017 年第 6 期。

［125］佟岩、李鑫、田原：《"弯道超车"：国家产业投资基金与企业全要素生产率》，《经济评论》2024 年第 1 期。

［126］万岷：《市场集中度和我国钢铁产能过剩》，《宏观经济管理》2006 年第 9 期。

［127］汪伟、艾春荣、曹晖：《税费改革对农村居民消费的影响研究》，《管理世界》2013 年第 1 期。

［128］王茂斌、叶涛、孔东民：《绿色制造与企业环境信息披露——基于中国绿色工厂创建的政策实验》，《经济研究》2024 年第 2 期。

［129］王文甫、明娟、岳超云：《企业规模、地方政府干预与产能过剩》，《管理世界》2014 年第 10 期。

［130］王元彬、张娟、李计广：《中国外商投资准入负面清单的经济效应——服务业企业全要素生产率视角》，《国际商务（对外经济贸易大学学报）》2024 年第 3 期。

［131］王自锋、白玥明：《产能过剩引致对外直接投资吗？——2005～2007 年中国的经验研究》，《管理世界》2017 年第 8 期。

［132］温忠麟、叶宝娟：《中介效应分析：方法和模型发展》，《心理科学进展》2014 年第 5 期。

［133］吴辉航、刘小兵、季永宝：《减税能否提高企业生产效率？——基于西部大开发准自然实验的研究》，《财经研究》2017 年第 4 期。

［134］夏飞龙：《产能过剩的概念、判定及成因的研究评述》，《经济问题探索》2018 年第 12 期。

［135］夏晓华、史宇鹏、尹志锋：《产能过剩与企业多维创新能力》，《经济管理》2016 年第 10 期。

［136］谢千里、罗斯基、张轶凡：《中国工业生产率的增长与收敛》，《经济学（季刊）》2008年第3期。

［137］谢申祥、张铭心、黄保亮：《反倾销壁垒对我国出口企业生产率的影响》，《数量经济技术经济研究》2017年第2期。

［138］徐朝阳、周念利：《市场结构内生变迁与产能过剩治理》，《经济研究》2015年第2期。

［139］徐彦坤、祁毓：《环境规制对企业生产率影响再评估及机制检验》，《财贸经济》2017年第6期。

［140］杨经国、周灵灵、邹恒甫：《我国经济特区设立的经济增长效应评估——基于合成控制法的分析》，《经济学动态》2017年第1期。

［141］杨汝岱：《中国制造业企业全要素生产率研究》，《经济研究》2015年第2期。

［142］于新亮、胡秋阳、申宇鹏：《"退休—医疗服务波动"之谜的形成机理与破解路径——基于制度联系视角的理论及实证分析》，《管理世界》2023年第10期。

［143］余东华、吕逸楠：《政府不当干预与战略性新兴产业产能过剩——以中国光伏产业为例》，《中国工业经济》2015年第10期。

［144］余静文：《汇率变动对劳动生产率影响的研究——基于2005年中国汇率制度改革的证据》，《国际金融研究》2017年第7期。

［145］袁从帅、刘晔、王治华、刘睿智：《"营改增"对企业投资、研发及劳动雇佣的影响——基于中国上市公司双重差分模型的分析》，《中国经济问题》2015年第4期。

［146］张成、陈宁、周波：《东部率先发展战略和全要素生产率提升——基于倾向得分匹配——双重差分法的经验分析》，《当代财经》2017年第11期。

［147］张成刚、李彦敏：《雇佣保护会降低生产率吗？——基于行业数据的实证分析》，《经济学动态》2015年第12期。

［148］张栋、谢志华、王靖雯：《中国僵尸企业及其认定——基于钢铁业上市公司的探索性研究》，《中国工业经济》2016年第11期。

［149］张浩然：《"腾笼换鸟"能提升承接城市的经济效率吗?》，《经济问题探索》2015年第6期。

［150］张皓、张梅青、黄彧：《产能过剩对企业全要素生产率的影响——特征事实与经验证据》，《云南财经大学学报》2018年第4期。

［151］张俊：《导向型环境政策对企业技术选择及其生产率的影响——来自中国发电行业的经验证据》，《财经研究》2016年第4期。

［152］张楠、卢洪友：《薪酬管制会减少国有企业高管收入吗——来自政府"限薪令"的准自然实验》，《经济学动态》2017年第3期。

［153］张平淡、张心怡：《产能过剩会恶化环境污染吗?》，《黑龙江社会科学》2016年第1期。

［154］张前程、杨光：《产能利用、信贷扩张与投资行为——理论模型与经验分析》，《经济学（季刊）》2016年第4期。

［155］张新海、王楠：《企业认知偏差与产能过剩》，《科研管理》2009年第5期。

［156］张学良、李培鑫、李丽霞：《政府合作、市场整合与城市群经济绩效——基于长三角城市经济协调会的实证检验》，《经济学（季刊）》2017年第4期。

［157］张志强：《环境规制提高了中国城市环境质量吗? ——基于"拟自然实验"的证据》，《产业经济研究》2017年第3期。

［158］张志强：《微观企业全要素生产率测度方法的比较与应用》，《数量经济技术经济研究》2015年第12期。

［159］章韬、戚人杰：《集聚－出口双促进政策的溢出效应——来自出口加工区的微观企业证据》，《国际贸易问题》2017年第3期。

［160］赵文报、李英：《"走出去"化解钢铁行业产能过剩问题研究》，《河北经贸大学学报》2018年第2期。

［161］郑晶晶、贺正楚、凌四立、谢磊、陈亮：《产能利用率对区域制造业产业升级的影响》，《经济地理》2016年第11期。

［162］郑炜：《我国与"一带一盟"国家传统产能比较与合作研究》，《经济体制改革》2017年第3期。

［163］周黎安：《晋升博弈中政府官员的激励与合作——兼论我国地方保护主义和重复建设问题长期存在的原因》，《经济研究》2004年第6期。

［164］周黎安、陈烨：《中国农村税费改革的政策效果：基于双重差分模型的估计》，《经济研究》2005年第8期。